最新法律文件解读丛书

商事法律文件解读

SHANGSHI FALU WENJIAN JIEDU

人民法院出版社 编

总第202辑 2021.10

人民法院出版社

图书在版编目(CIP)数据

商事法律文件解读．总第202辑／人民法院出版社编
．-- 北京：人民法院出版社，2021.11
（最新法律文件解读丛书）
ISBN 978-7-5109-3341-7

Ⅰ.①商… Ⅱ.①人… Ⅲ.①商法-法律解释-中国
Ⅳ.①D923.995

中国版本图书馆 CIP 数据核字（2021）第231161号

商事法律文件解读·总第202辑
人民法院出版社　编

责任编辑 路建华
出版发行 人民法院出版社
地　　址 北京市东城区东交民巷27号　邮编　100745
电　　话 （010）67550660（责任编辑）　67550558（发行部查询）
65223677（读者服务部）
客服QQ 2092078039
网　　址 http：//www.courtbook.com.cn
E - mail courtbook@sina.com
印　　刷 三河市国英印务有限公司
经　　销 新华书店
开　　本 787毫米×1092毫米　1/16
字　　数 115千字
印　　张 8
版　　次 2021年11月第1版　　2021年11月第1次印刷
书　　号 ISBN 978-7-5109-3341-7
定　　价 28.00元

卷首语

2021年9月13日，最高人民法院发布《关于推动新时代人民法庭工作高质量发展的意见》。该意见结合人民法庭面临的新形势、新情况，坚持目标导向、战略导向、问题导向，以实现人民法庭工作更好服务经济社会高质量发展，更好集成司法体制改革成果，更好夯实基层基础，推动新时代人民法庭工作高质量发展。为帮助读者全面和深刻理解该意见，本辑重点收录了其解读文章，对其制定背景、起草过程和重点内容进行了说明。

法官会议工作机制是全面落实司法责任制的重要改革举措，也是健全完善中国特色社会主义审判权力运行体系的制度化建设成果。本辑专门收录了最高人民法院第五巡回法庭一篇法官会议纪要，涉及专业金融机构持有载明抵押意思的股东会决议时的法律适用问题，以期对法官在同类案件中认定事实、适用法律、形成结论起到启发、引导、规范和参考作用。

当前，知识产权领域纠纷日益增多，知识产权民事案件数量逐年增加，司法审判、知识产权行政机关面临案多人少的困难，知识产权纠纷需要更多化解渠道。调解作为完善纠纷多元化解机制的重要内容，为促进维护社会和谐稳定发挥重要作用。为认真落实党中央、国务院关于全面加强知识产权保护的决策部署，国家知识产权局、司法部立足职责要求，在充分调研和吸收有关部门意见的基础上，共同研究制定了《关于加强知识产权纠纷调解工作的意见》。本辑也刊载了该意见及其解读文章。

《最新法律文件解读》丛书
编 辑 部

目录

司法解释、司法指导性文件与解读

最高人民法院法官会议纪要

部门规章、规章性文件与解读

地方司法业务文件与解读

新类型疑难案例选评

司法解释、司法指导性文件与解读

最高人民法院 关于推动新时代人民法庭工作高质量发展的意见

2021年9月13日　　法发〔2021〕24号

为深入贯彻习近平法治思想，更加注重强基导向，强化人民法庭建设，提升基层人民法院司法水平，更好服务全面推进乡村振兴，服务基层社会治理，服务人民群众高品质生活需要，现就推动新时代人民法庭工作高质量发展提出如下意见。

一、加强新时代人民法庭工作的重要意义和指导思想

1. 重要意义。人民法庭作为基层人民法院的派出机构，是服务全面推进乡村振兴、基层社会治理、人民群众高品质生活需要的重要平台，也是体现中国特色社会主义司法制度优越性的重要窗口。加强新时代人民法庭工作，有利于夯实党的执政基础，巩固党的执政地位；有利于满足人民群众公平正义新需求，依法维护人民群众权益；有利于以法治方式服务巩固拓展脱贫攻坚成果，全面推进乡村振兴；有利于健全覆盖城乡的司法服务网络，促进基层治理体系和治理能力现代化。

2. 指导思想。坚持以习近平新时代中国特色社会主义思想为指导，深入贯彻习近平法治思想，增强“四个意识”、坚定“四个自信”、做到“两个维护”，牢记“国之大者”，坚持党的绝对领导，坚持以人民为中心，坚持强基导向，深刻把握人民法庭处于服务群众、解决纠纷第一线与守护公平正义最后一道防线的辩证统一关系，有效发挥桥梁、窗口作用，推动更高水平的平安中国、法治中国建设，为实现“十四五”时期经济行稳致远、社会安定和谐，为实现人民对美好生活的向往、促进全体人民共同富裕，为全面建设社会主义现代化强国提供更加有力的司法服务和保障。

二、准确把握新时代人民法庭工作原则

3. 坚持“三个便于”。紧紧围绕“努力让人民群众在每一个司法案件中感受到公平正义”的目标，主动回应人民对美好生活的向往和公平正义新期待，坚持便于当事人诉讼，便于人民法院依法独立公正高效行使审判权，便于人民群众及时感受到公平正义的工作原则，不断弘扬人民司法优良传统和时代价值。

4. 坚持“三个服务”。紧扣“三农”工作重心历史性转移，发挥面向农村优势，积极服务全面推进乡村振兴；紧扣推进国家治理体系和治理能力现代化，发挥面向基层优势，积极服务基层社会治理；紧扣新时代社会主要矛盾新变化，发挥面向群众优势，积极服务人民群众高品质生活需要。

5. 坚持“三个优化”。综合考虑城乡差异，一要优化法庭布局。区分城区法庭、城乡结合法庭、乡村法庭，不断优化人民法庭区域布局。二要优化队伍结构。结合案件数量、区域面积、人口数量、交通条件、信息化发展状况、参与乡村振兴和社会治理任务等因素，建立并实行人员编制动态调整机制。三要优化专业化建设。坚持综合性与专业化建设相结合，实现人民法庭专业化建设更好服务乡村振兴和辖区基层治理需

要。农村地区要继续加强和完善综合性人民法庭建设；城市近郊或者城区，可以由相关人民法庭专门或者集中负责审理道交、劳动、物业、旅游、少年、家事、金融商事、环境资源等案件；产业特色明显地区，可以由专业化人民法庭专门负责审理涉及特定区域或者特定产业的案件。

三、积极服务全面推进乡村振兴

6. 服务乡村产业振兴。妥善处理涉“三农”领域传统纠纷以及休闲农业、乡村旅游、民宿经济、健康养老等新业态纠纷，促进农村产业融合发展，推动建立现代农业产业体系、生产体系和经营体系。深入贯彻粮食安全战略，积极参加保护种业知识产权专项行动，依法服务种业科技自立自强、种源自主可控，助推种业振兴。依法妥善处理涉及农业农村发展要素保障、城乡经济循环、征用征收等案件，保障农业农村改革，促进农业产业发展。

7. 维护农民合法权益。依法妥善审理涉及农村土地“三权分置”、乡村产业发展等纠纷，落实“资源变资产、资金变股金、农民变股东”，让农民更多分享产业增值收益。依法保障进城落户农民农村土地承包权、宅基地使用权、集体收益分配权，促进在城镇稳定就业生活的农民自愿有序进城落户。推动落实城乡劳动者平等就业、同工同酬，依法保障农民工工资支付和其他劳动权益。

8. 推动乡村文明进步。依法妥善处理家事、邻里纠纷，注重矛盾纠纷实质性、源头化解，依法治理高价彩礼、干预婚姻自由、虐待遗弃家庭成员等不良习气，依法打击封建迷信活动，培育和弘扬社会主义核心价值观。依法保护农村文化遗产和非物质文化遗产，加强保护历史文化名镇名村、传统村落、民族村寨，促进优秀传统乡土文化保护和乡村文化产业发展。引导依法制定村规民约，推进移风易俗，推动创建文明村镇、文明家庭。

9. 保护农村生态环境。深入践行“绿水青山就是金山银山”理念，依法妥善审理环境资源案件，会同农业农村、自然资源、生态环境等部门健全执法司法协调联动机制，加强农业面源污染防治，推动国土综合整治和生态修复，推动解决“垃圾围村”和乡村黑臭水体等突出环境问题，助推农业生产方式绿色转型，改善乡村生态环境，助力建设美丽宜居乡村。

四、积极服务基层社会治理

10. 推动健全基层社会治理体系。坚持和发展新时代“枫桥经验”，积极融入党委领导的基层治理体系，充分利用辖区党委组织优势，与城乡基层党组织广泛开展联建共建，推进基层党建创新与基层治理创新相结合，强化党建引领基层治理作用，促进完善中国特色基层治理制度。推广“群众说事、法官说法”“寻乌经验”等做法，依托“街乡吹哨、部门报到、接诉即办”等基层治理机制，推动司法资源向街乡、村镇、社区下沉。充分运用平安建设考核和创建“无讼”乡村社区等政策制度，服务基层党委政府以更大力度加强矛盾纠纷多元化解机制建设。

11. 明确参与基层治理途径。立足人民法庭法定职责，依法有序参与基层社会治理。对没有形成纠纷但具有潜在风险的社会问题，可以向乡镇、社区有关单位提出法律风险防控预案；对已经发生矛盾纠纷的社会问题，可以提出可能适用的法律依据以及相应裁判尺度，但是不宜在诉讼外对已经立案的纠纷提出处理意见；对审判、执行、信访等工作中发现普遍存在的社会问题，应当通过司法建议、白皮书、大数据研究报告等方式，及时向党委、政府反馈，服务科学决策。

12. 加强源头预防化解矛盾。加强辖区多发常见类型化纠纷的源头治理，形成源头预防、非诉挺前、多元化解的分层递进前端治理路径。强化与当地乡镇街道的衔接、与综治中心的协同，充分利用网格化管理机制平台，及时掌握和研判综治矛盾纠纷信息，发挥网格员、特邀调解员作用，促进基层纠纷源头化解。充分运用人民法院调解平台等工作平台，推动人民法庭进乡村、进社区、进网格，广泛对接基层解纷力量，形成基层多元解纷网络，在线开展化解、调解、司法确认等工作。推动人民调解员进人民法庭、法官进基层全覆盖，加强委托调解、委派调解的实践应用，充分释明调解优势特点，引导人民群众通过非诉讼方式解决矛盾纠纷。

13. 加强基层法治宣传。推动建立以人民法庭为重要支点的基层社会法治体系，充分利用专业优势，加强对特邀调解员、人民调解员等在诉前或者诉中开展调解工作的指导，引导支持社会力量参与基层治理。通过巡回审判、公开审理、以案说法、送法下乡等活动，增强基层干部群众法治观念和依法办事能力。发挥司法裁判示范引领功能，推动裁判文书网、人民法庭信息平台与普法宣传平台对接，加强法治宣传教育，推动社会主义核心价值观和法治精神深入人心。

14. 完善相关纠纷审理规则。人民法庭在案件审理过程中，遇到审理依据和裁判标准不明确等类型化问题，可以及时按程序报告。高级人民法院应当依照民法典、乡村振兴促进法等法律规定，对辖区内反映强烈、处理经验成熟的问题以纪要、审判指南、参考性案例等方式及时明确裁判指引。最高人民法院应当适时就重点法律适用问题出台司法解释或者其他规范性文件。

五、积极服务人民群众高品质生活需要

15. 加强民生司法保障。切实实施民法典，依法妥善审理家事、民间借贷、人身损害赔偿等基层易发多发案件，畅通权利救济渠道，维护人民群众合法权益。深化家事审判改革，用好心理辅导干预、家事调查、诉前调解、案后回访等措施，加大人身安全保护令制度落实力度，保障留守儿童、留守妇女、留守老人以及困难群体和特殊人群的人身安全和人格尊严。依法妥善审理养老育幼、教育培训、就业创业、社会保险、医疗卫生、社会服务、住房保障等领域案件，促进提高公共服务质

量水平。维护军人军属合法权益，最大限度把涉军纠纷化解在基层，解决在初始阶段。

16. 提升一站式诉讼服务能力。坚持因地制宜，在人民法庭建立诉讼服务站，在人民法庭及辖区乡镇街道综治中心或者矛盾调解中心设立自助诉讼服务设备，方便当事人随时随地办理诉讼业务。建立健全诉讼服务辅导机制，为人民群众提供在线调解、开庭等事务现场辅导服务。进一步增强人民法庭跨域立案诉讼服务质效，更加方便群众就近起诉、办理诉讼事务。有条件的人民法庭，可以设立视频调解室，提供跨地域视频调解等服务。

17. 完善直接立案机制。推进完善人民法庭直接立案或者基层人民法院派驻立案机制。推进人民法庭跨域立案服务，确保能够作为立案协作端办理跨辖区、跨县、跨市、跨省立案。适应人民法庭辖区主导产业或者中心工作需要，合理确定收案范围。

18. 推进案件繁简分流。积极优化司法确认程序，完善小额诉讼程序和简易程序规则，健全审判组织适用模式，推行在线审理机制，依法综合运用督促程序、司法确认程序、小额诉讼程序、简易程序、独任制审理等，积极推广适用令状式、要素式、表格式等裁判文书，有效降低当事人诉讼成本，提升司法效率，充分保障人民群众合法诉讼权益。

19. 推动解决送达难。发挥数字化时代电子通讯优势，加强电子送达，推行集约化送达方式。发挥基层网格员作用，充分调动网格员积极性，发挥其熟悉社区情况、了解辖区人员信息的优势，综合运用现代和传统手段破解送达难题。

20. 推进直接执行机制。探索部分案件由人民法庭直接执行的工作机制，由人民法庭执行更加方便当事人的案件，可以由人民法庭负责执行。可以根据人员条件设立专门执行团队或者相对固定人员负责执行。案件较多的人民法庭，探索由基层人民法院派驻执行组等方式，提高执行效率，最大限度方便群众实现诉讼权益。人民法庭执行工作由基层人民法院执行机构统一管理，专职或者兼职人员纳入执行人员名册，案件纳入统一的执行案件管理平台，切实预防廉政风险。

六、不断深化新时代人民法庭人员管理机制改革

21. 完善司法责任制综合配套改革。落实独任庭、合议庭办案责任制，完善审判权力和责任清单，健全“四类案件”识别监管机制，落实统一法律适用机制，建立符合人民法庭实际的审判监督管理机制，坚持放权与监督相统一。落实法官员额制改革要求，综合考虑人员结构、案件类型、难易程度等因素，适应繁简分流和专业化建设需要，配强审判辅助力量，探索完善符合实际的审判团队组建和运行模式。

22. 探索建立编制动态调整机制。坚持以案定员、以任务定员，每个人民法庭至少配备 1 名审判员、1 名法官助理、1 名书记员、1 名司法警察或者安保人员，逐步实现有条件有需求的人民法庭配备 3 名以上审判员；可以根据辖区面积、人口、案件数量、基层社会治理任务等因素合理调整人员配置。针对部分人民法庭人员编制不足、人民法庭之间办案数量不均的情况，高级人民法院要积极协调地方编制部门，建立省级层面人员编制动态调整机制，基层人民法院要在核定编制内将编制向案件数量多、基层治理任务重的人民法庭倾斜。结合四级法院审级职能定位改革，推动人员编制向基层和办案一线倾斜。

23. 完善干部锻炼培养机制。探索建立基层人民法院新入职人员选派到人民法庭工作锻炼，无人民法庭工作经历的新晋人员尤其是审判人员、审判辅助人员优先到人民法庭挂职锻炼，基层人民法院机关与人民法庭人员之间定期轮岗交流等机制。人民法庭庭长在同一职位工作满一定年限的，应当根据有关规定进行交流。提拔晋升时适度向长期在人民法庭工作的干警倾斜，选配基层人民法院院领导时，具有人民法庭庭长任职经历的人员在同等条件下优先考虑；入额遴选时，具有三年以上人民法庭工作经历的法官助理，同等条件下优先选任；中级人民法院遴选

法官，应当接收适当比例具有人民法庭工作经历的法官。积极争取省级人社部门支持，建立聘用制书记员便捷招录机制，推动下放招聘权限，减少招聘环节；积极协调省级有关部门，探索建立聘用制书记员定向培养模式，委托定点学校定向招生、培养，毕业后回原籍人民法庭工作。

24. 落实人民陪审员选任、参审和保障制度。加强对人民陪审员的日常监督管理，规范选任及退出机制，落实随机抽选为主、个人申请与组织推荐为补充以及年度参审案件数量上限等规定。积极与同级财政部门等研究落实现有政策规定，加大经费投入，规范使用范围，激发人民陪审员参与人民法庭案件审理的积极性。

25. 切实加强履职保障。完善人民法庭干警精准培训机制，设置与人民法庭职能定位相对应的培训内容，全面提升人民法庭干警依法履职能力。因依法履职遭受不实举报的，应当协调有关单位，及时澄清事实，消除不良影响，依法追究相关单位或者个人的责任。人民法庭干警及其近亲属受到人身威胁的，协调当地公安机关采取必要保护措施；认真落实关于依法惩治袭警违法犯罪行为的指导意见，依法加强对人民法庭司法警察的履职保护。推动完善法院因公伤亡干警特殊补助政策。积极落实中央有关因公牺牲法官、司法警察抚恤政策，认真做好“两金”申报、发放和备案工作。鼓励各地法院为人民法庭干警投保工伤保险和人身意外伤害保险。

七、建立健全新时代人民法庭工作考核机制

26. 完善考核内容。探索建立符合人民法庭工作规律的专门考核办法，综合考虑执法办案、指导调解、诉源治理等因素，适当增加诉源治理、诉前调解等考核权重，重点考核“化解矛盾”质效。建立健全与执法办案和参与社会治理职责相适应，区分人员类别、岗位特点的考评体系，制定针对性强、简便易行的绩效考核办法。可以采取定量与定性相结合、量化为主的方式，科学制定和使用量化指标，采用加权测算等

计算方法，合理设置权重比例。坚决清理、取消不合理、不必要的考评项目和指标，切实为基层减负，为干警减压。乡村振兴服务任务重、参与基层社会治理好的基层人民法院，可以先行先试。

27. 优化考核指标。执法办案考核应当遵循司法规律，综合考虑案件类型、繁简程度、适用程序、巡回审判等因素，包括办案数量、办案质量、办案效率和办案效果等基本内容。指导调解考核应当充分利用人民法院调解平台数据，通过诉前调解案件占一审立案比、调解案件成功率、调解案件自动履行率等指标，量化指导调解的数量和效果。加强诉源治理考核，对于法治宣传、法律培训、矛盾纠纷研判通报、司法建议等可以考核次数，对于推动制定村规民约和居民公约、召开综治联席会、重大事项法律风险提示法律意见等，既要考核量化次数，也要考核质量效果。

八、切实提升新时代人民法庭建设保障

28. 加强基础设施建设。高级人民法院要按照科学论证、统筹规划、优化布局的原则，合理安排年度建设计划，力争在“十四五”期间实现人民法庭办公办案和辅助用房得到充分保障，规范化标准化建设得到显著加强，业务装备配备水平得到较大提升，网上立案、电子送达、网上开庭等信息化设施设备配备齐全，信息化建设应用效果进一步强化，人民法庭外观标识完全统一，人民法庭工作生活条件得到较大改善。

29. 加强法庭安保工作。基层人民法院院长是人民法庭安保工作的第一责任人，人民法庭庭长是直接责任人。完善安全防范设施装备配备，每个人民法庭应当配备必要的防爆安检、防暴防护等设备。强化案件风险评估和安全隐患排查，加强防范措施和应急处突演练，落实“人防、物防、技防”措施。加强司法警察部门对人民法庭安保工作的督察指导培训，增强干警安全意识和风险防范处置能力。加强人民法庭

与驻地公安派出所联防联动，推动有条件的人民法庭设立驻庭警务室。

30. 完善经费保障制度。推动适时调整人民法庭建设标准，争取省级有关部门加大对人民法庭基础设施经费保障力度，增加对车辆、安保设备、信息化运维等支出投入。持续加大对革命老区、民族地区、边疆地区和脱贫地区人民法庭经费保障的政策倾斜力度，充分运用好有关转移支付资金，帮助解决办案经费保障和物资装备建设等问题。主动争取地方党委政府领导和支持，继续落实好人民法庭庭长职级待遇和干警工作津贴、补贴等政策，切实解决人民法庭在人财物保障方面存在的问题困难。对于已经实施省以下地方法院财物省级统一管理的地区，根据事权与财权相统一的原则，积极争取由当地财政保障人民法庭服务保障辖区经济社会发展的经费，由高级人民法院争取协调省级有关部门根据实际，下放人民法庭新建、维修等经费项目审批权。

31. 加强购买社会化服务的规模化、规范化。结合各地实际，加强人民法庭编外人员配备保障，梳理适合购买社会化服务的事务性工作范围和项目，规范有序开展向社会购买服务，建立健全公开竞标、运营监管、业务培训等制度，所需经费列入年度预算统筹保障。完善事务性工作的集约化管理工作流程，探索组建专业工作团队，集中办理文书送达、财产保全等事务。

32. 加强人民法庭“两个平台”建设。各级人民法院应当强化人民法庭工作平台应用，加强对人民法庭数据的收集、填报、分析和运用，实时监测办案数据，全面掌握人民法庭工作动态，准确研判存在的问题和原因，提高工作针对性、实效性和预见性。加强人民法庭信息平台建设，发动基层人民法院干警特别是人民法庭干警参与宣传工作，及时推送人民法庭工作成效、典型案件，深入挖掘先进典型和感人事迹，加大人民法庭工作宣传力度，全面展现人民法庭干警良好精神风貌和工作作风。人民法庭“两个平台”建设情况应当作为人民法庭工作的考核内容。

九、有效加强新时代人民法庭工作的组织领导

33. 加强党的建设。坚持“支部建在庭上”，实现党的组织和党的工作全覆盖。坚持以党建带队建促审判，推进人民法庭党支部标准化、规范化建设，高质量推进基层党建创新，把党建引领贯穿人民法庭工作全过程。推动全面从严治党、从严治院、从严管理向基层延伸，推动队伍教育管理走深走实，严格落实防止干预司法“三个规定”等铁规禁令，完善人民法庭内部管理和日常监督制度，确保公正廉洁司法。

34. 加强汇报协调。要定期或者不定期就人民法庭工作向当地党委作专题汇报，推动把加强人民法庭工作作为强基导向、乡村振兴、基层治理体系和治理能力现代化等重点工作纳入党委政府总体工作格局，切实解决人民法庭工作实际困难。

35. 健全工作机制。探索地方三级人民法院院长抓人民法庭工作的组织领导思路，切实把人民法庭工作当做“一把手”工程，将法院工作重心下移到基层基础。各级人民法院院领导应当深入人民法庭开展调查研究，高级、中级人民法院院领导应当确定1—2个人民法庭作为联系点，并适时调整，经常性到人民法庭调查研究。强化发挥各级人民法院人民法庭领导小组及其办事机构的实际作用，加强归口管理，统筹推进人民法庭工作，定期研究解决人民法庭在职能发挥、人财物保障等方面存在的问题困难和解决思路举措，积极推动人民法庭工作融入当地社会治理体制。

本意见自2021年9月22日起实施，之前有关人民法庭的规定与本意见不一致的，按照本意见执行。

最高人民法院民一庭负责人就《关于推动新时代人民法庭工作高质量发展的意见》答记者问

2021年9月15日上午，最高人民法院在全媒体新闻发布厅发布《关于推动新时代人民法庭工作高质量发展的意见》（以下简称《意见》）及案例选编（一）并就《意见》相关问题回答记者提问。

问：与最高人民法院以往发布的有关人民法庭规范性文件相比，《意见》的新亮点主要是什么？

答：党的十八大以来，为积极推进各地人民法庭工作，最高人民法院印发了两个司法文件：一是2014年12月发布的《关于进一步加强新形势下人民法庭工作的若干意见》；二是2021年4月发布的《人民法庭安全管理规定（试行）》。党的十八大以前，2005年9月发布过《关于全面加强人民法庭工作的决定》等文件。

上述文件在特定时期加强全国人民法庭工作中发挥了重要指导作用。与其相比，今天发布的《意见》主要亮点就是形成了更加符合新时代要求、符合人民新期待、符合司法规律的工作原则，也就是坚持“三个便于”“三个服务”“三个优化”。刚才贺小荣副院长也作了介绍，下面我给大家作一个相对详细的通报。

一是坚持“三个便于”。目前，我国社会主要矛盾已发生新变化，人民群众对公平正义的需要日益增长，“公平正义”成为人民法庭工作高质量发展更加突出的目标。随着交通便利化、诉讼服务信息化，“两个便于”在很大程度上得以实现，但“两个便于”原则在新的条件下又有新的内涵和要求。就是要在“便于当事人诉讼”“便于人民法院依法独立公正高效行使审判权”原则的基础上，增加“便于人民群众及时感受到公平正义”。它一方面立足于新时代人民法院“努力让人民群众在每一个司法案件中感受到公平正义”的目标，主动回应人民对美好生活的向往和公平正义新期待；另一方面人民法庭作为化解矛盾、解决纠纷的第一线，离人民群众最近，应当立足审判职能，通过案件审理、多元解纷以及服务基层社会治理等方式，让人民群众第一时间感受到司法温度和公平正义。

二是坚持“三个服务”。随着经济社会发展，党和国家工作重心发生战略转移，新时代人民法庭工作亦需因时而变、因地制宜，紧密围绕党和国家战略重心而转移。新时代人民法庭工作要紧扣“三农”工作重心历史性转移提出的新要求，发挥面向农村优势，在服务全面推进乡村振兴上下功夫。要紧扣推进国家治理体系和治理能力现代化提出的新要求，发挥面向基层优势，在服务基层社会治理上下功夫。要紧扣促进人的全面发展和社会全面进步提出的新要求，发挥面向群众优势，在服务人民群众高品质生活需要上下功夫。人民法庭工作中凡是有利于做好“三个服务”的就应当坚持，不利于做好“三个服务”的就要加以改进。

三是坚持“三个优化”。人民法庭建设发展不能脱离人民法庭工作规律。要综合考虑城乡差异，做到：第一，优化法庭布局。区分城区法庭、城乡接合法庭、乡村法庭，不断优化人民法庭区域布局。第二，优化队伍结构。结合案件数量、区域面积、人口数量、交通条件、信息化发展状况、参与乡村振兴和社会治理任务等因素，建立并实行人员编制动态调整机制。第三，优化专业建设。坚持综合性与专业化建设相结合，农村地区要继续加强和完善综合性人民法庭建设；城市近郊或者城区，可以由相关人民法庭专门或者集中负责审理道交、劳动、物业、旅游、少年、家事、金融商事、环境资源等案件；产业特色明显地区，可以由专业化人民法庭专门负责审理涉及特定区域或者特定产业的案件。

新时代人民法庭工作原则，既是时代的要求，人民的呼唤，也是人民法庭自身优势的凸显，在新时代人民法庭工作中要始终坚持。

问：《意见》在人民法庭积极服务基层社会治理，推进基层治理体系和治理能力现代化方面，提出了哪些具体措施？

答：前不久，党中央、国务院印发了《关于加强基层治理体系和治理能力现代化建设的意见》，加强人民法庭工作是加强基层治理体系和治理能力现代化的重要方面。《意见》要求，人民法庭要积极参与城乡基层社会治理，推动提高基层治理社会化、法治化、智能化、专业化水平。

一是推动健全基层社会治理体系。坚持和发展新时代“枫桥经验”，积极融入党委领导的基层治理体系，推进基层党建创新与基层治理创新相结合，促进完善中国特色基层治理制度。推广“群众说事、法官说法”“寻乌经验”等做法，推动司法资源向街乡、村镇、社区下沉。运用平安建设考核和创建“无讼”乡村社区等政策制度，服务基层党委政府，以更大力度加强矛盾纠纷多元化解机制建设。

二是明确参与基层治理途径。立足人民法庭法定职责，依法有序参与基层社会治理。对没有形成纠纷但具有潜在风险的社会问题，可以向乡镇、社区有关单位提出法律风险防控预案；对已经发生矛盾纠纷的社会问题，可以提出可能适用的法律依据以及相应裁判尺度，但是不宜在诉讼外对已经立案的纠纷提出处理意见；对审判、执行、信访等工作中发现普遍存在的社会问题，应当通过司法建议、白皮书、大数据研究报告等方式，及时向党委、政府反馈，服务科学决策。

三是加强源头预防化解矛盾。加强辖区多发常见类型化纠纷的源头治理，形成源头预防、非诉挺前、多元化解的分层递进前端治理路径。强化与当地乡镇街道的衔接、与综治中心的协同，充分利用网格化管理机制平台，及时掌握和研判综治矛盾纠纷信息，发挥网格员、特邀调解员作用，促进基层纠纷源头化解。推动人民法庭进乡村、进社区、进网格，广泛对接基层解纷力量，形成基层多元解纷网络，在线开展化解、调解、司法确认等工作。

四是加强基层法治宣传。推动建立以人民法庭为重要支点的基层社会法治体系，充分利用专业优势，加强对特邀调解员、人民调解员等在诉前或者诉中开展调解工作的指导，引导支持社会力量参与基层治理。通过巡回审判、公开审理、以案说法、送法下乡等活动，增强基层干部群众法治观念和依法办事能力。发挥司法裁判示范引领功能，推动裁判文书网、人民法庭信息平台与基层普法宣传平台对接，加强法治宣传教育，推动社会主义核心价值观和法治精神深入人心。

问：《意见》在积极服务人民群众高品质生活需要，回应人民群众对公平正义新期待方面，有哪些改革创新？

答：各地反映，人民法庭“一站式”建设有待根据各地人民法庭需求分类分步骤推进，信息化应用效果、繁简分流改革均有待进一步深化，直接立案、执行机制有待完善，这些问题成为人民法庭服务保障人民群众高品质生活需要的制约因素。《意见》坚持问题导向，对以下六个方面的工作进行完善：

一是加强民生司法保障。切实实施民法典，依法妥善审理家事、民间借贷、人身损害赔偿等基层易发多发案件，畅通权利救济渠道，维护人民群众合法权益。深化家事审判改革，用好心理辅导干预、家事调查、诉前调解、案后回访等措施，加大人身安全保护令制度落实力度，保障留守儿童、留守妇女、留守老人以及困难群体和特殊人群的人身安全和人格尊严等合法权益。

二是提升一站式诉讼服务能力。坚持因地制宜，在具备硬件设施的人民法庭建立诉讼服务站，鼓励在人民法庭及辖区乡镇街道综治中心或者矛盾调解中心设立自助诉讼服务设备，方便当事人随时随地办理诉讼业务。有条件的人民法庭，可以设立视频调解室，提供跨地域视频调解等服务。

三是完善直接立案机制。推进完善人民法庭直接立案或者基层人民法院派驻立案机制。推进人民法庭跨域立案服务，确保能够作为立案协作端办理跨辖区、跨县、跨市、跨省立案。

四是推进案件繁简分流。积极优化司法确认程序，完善小额诉讼程序和简易程序规则，推行在线审理机制，依法综合运用督促程序、司法确认程序、小额诉讼程序、简易程序、独任制审理等，积极推广适用令状式、要素式、表格式等裁判文书，有效降低诉讼成本，提升司法效率，充分保障人民群众合法诉讼权益。

五是推动解决送达难。发挥数字化时代电子通讯优势，加强电子送达，推行集约化送达方式。发挥基层网格员作用，充分调动网格员积极性，发挥其熟悉社区情况、了解辖区人员信息的优势，综合运用现代和传统手段破解送达难题。

六是推进直接执行机制。探索部分案件由人民法庭直接执行的工作机制。可以根据人员条件设立专门执行团队或者相对固定人员负责执行。案件较多的人民法庭，探索由基层人民法院派驻执行组等方式，提高执行效率，最大限度方便群众实现诉讼权益。人民法庭执行工作由基层人民法院执行机构统一管理，专职或者兼职人员纳入执行人员名册，案件纳入统一的执行案件管理平台，切实预防廉政风险。

（来源：最高人民法院网站）

解读——
《关于推动新时代人民法庭工作高质量发展的意见》

郑学林 何 抒 危浪平 赵 志*

2021年9月13日，最高人民法院发布《关于推动新时代人民法庭工作高质量发展的意见》（以下简称《意见》）。这是继1999年最高人民法院制定印发《关于人民法庭若干问题的规定》、2005年制定出台《关于全面加强人民法庭工作的决定》、2014年制定印发《关于进一步加强新形势下人民法庭工作的若干意见》之后，根据新形势、新任务，结合人民法院审判工作实际，对人民法庭制度作出的一次里程碑式的改革和完善。《意见》的出台，是最高人民法院深入贯彻习近平法治思想、更加注重强基导向的具体实践，也是推动新时代人民法庭工作高质量发展的重大阶段性成果，对于加强新时代人民法庭工作，厚植党长期执政基层基础、服务全面推进乡村振兴、服务基层社会治理、服务人民群众高品质生活需要、传承红色司法基因、弘扬中国特色社会主义司法制度，具有十分重大的意义。为便于理解和适用，现对《意见》的制定背景、起草过程和重点内容说明如下。

一、《意见》制定背景和主要思路

（一）《意见》制定背景

习近平总书记在2021年初就政法工作作出重要指示，强调要更加

* 作者单位：最高人民法院。

注重系统观念、法治思维、强基导向，切实推动政法工作高质量发展。全国法院迅速统一思想行动，把强化人民法庭建设作为注重强基导向、集成改革成果的重点工作抓紧抓实，因地制宜，分类施策，人民法庭工作取得明显进步。同时，为全面掌握全国人民法庭工作情况，有的放矢开展人民法庭工作，掌握和解决新时代人民法庭工作高质量发展存在的问题、困难，最高人民法院和地方各级法院院长带头驻庭，院领导深入人民法庭蹲点调研。为了掌握第一手资料，最高人民法院归口管理部门民一庭成立专门调研组，用时近三个月，采用实地考察、走访座谈、召开片会、数据分析等方式，听取全国三十一个高院以及兵团法院、人民法庭干警、基层党委政府、当地人民群众、人大代表、政协委员意见建议，开展全方位多层次人民法庭大调研活动。在前述调研基础上，最高人民法院民一庭起草《意见》稿并广泛征求各方面意见，针对存在的问题，综合考虑改革力度和可承受程度，反复与相关职能部门、专家学者研究，以求取得最大共识和更好效果。《意见》经最高人民法院党组会审议通过后于9月15日发布，并于9月22日起施行。

（二）《意见》起草主要思路

根据人民法院组织法规定，人民法庭是基层人民法院的组成部分和派出机构。2021年7月，最高人民法院院长周强在全国高级人民法院院长座谈会上要求，新时代人民法庭工作要深刻把握人民法庭处于服务群众、解决纠纷第一线与守护公平正义最后一道防线的辩证统一关系。这个科学论断是对新时代人民法庭工作规律的生动总结，强调了人民法庭在本质上仍属于审判部门，基础职能仍然是执法办案。同时，人民法庭最大特点就是处于基层，处于服务群众、解决纠纷第一线，这既是人民法庭优势所在，也使得人民法庭以审判职能为基础衍生出多种社会责任，即立足法定职责推进乡村振兴、促进基层社会治理、满足人民群众高品质生活需要等。《意见》以此为基点，结合人民法庭面临的新形势、新情况，坚持目标导向、战略导向、问题导向，以实现人民法庭工作更好服务经济社会高质量发展，更好集成司法体制改革成果，更好夯实基层基础，推动新时代人民法庭工作高质量发展。

第一，坚持目标导向，以“三个便于”努力实现人民群众对司法公平正义的更高期待。人民的需求和期待是人民法院工作的方向和动力。随着交通便利化、诉讼服务信息化，人民法庭工作一直以来坚持的“两便”原则得以较好实现。新时代，人民群众追求解决的不再是温饱问题，也不仅仅是对物质文化的需求，而是在更高层次上对美好生活的需要，反映在司法领域就是对公平正义的更高期待。《意见》为实现人民群众对公平正义的更高期待，切实践行“努力让人民群众在每一个司法案件中感受到公平正义”的工作目标，在“两便”原则基础上，增加了“便于人民群众及时感受到公平正义”的工作原则。“三个便于”体现了继承和创新的统一。人民法庭立足审判职能，实质性推进矛盾纠纷多元化解、强化诉源治理，有效降低辖区矛盾纠纷发生率和成诉率，为坚持“便于人民群众及时感受到公平正义”打下坚实基础。在人民法庭“案多事多人少”这个主要矛盾逐渐缓和过程中，强调人民法庭审判职能的基础地位，把实现公平正义放到更加突出的位置，回应人民群众日益增长的美好生活需要。需要强调的是，“便于当事人诉讼”“便于人民法院依法独立公正高效行使审判权”仍是人民法庭布局、队伍建设、基础建设等方面的重要工作原则。

第二，坚持战略导向，以“三个服务”紧紧围绕党和国家工作战略重心转移。进入新时代，我国社会主要矛盾发生新变化，党和国家工作战略重心也发生重要转移，新时代人民法庭工作必须立足新发展阶段，主动融入和服务党和国家中心工作，立足自身优势，找准精准发力的切入点、结合点。党中央对全面推进乡村振兴、健全城乡基层治理体系、推进共同富裕等作出一系列决策部署。《意见》深刻认识人民法庭处于服务群众、解决纠纷第一线的职能边界和定位，把握党和国家战略部署的深远考虑和重大意义，不折不扣抓好贯彻落实，以加强人民法庭工作作为关键抓手，把“服务全面推进乡村振兴”“服务基层社会治理”“服务人民群众高品质生活需要”作为新时代人民法庭工作高质量发展的重要原则。

第三，坚持问题导向，以“三个优化”积极回应人民法庭发展中存在的困难。问题就是时代的号角。在人民法庭调研活动中，我们深刻感受到“案多人少”“事多人少”是制约人民法庭高质量发展的主要矛盾，如2020年，全国人民法庭受理案件419万件、审结416万件（均约占同期基层人民法院受理、审结案件的1/4）。截至2021年6月，全国所有10145个人民法庭共有员额法官17927名、法官助理12765、书记员20151名。法官年人均办案232件，不少地方超过300件。同时，部分地区人民法庭工作还存在思路不清晰、发展不均衡、功能定位不准确、布局与形势变化不适应、服务乡村振兴与基层社会治理作用不明显、管理保障水平不匹配等六大问题。对表主要矛盾和六大问题，《意见》在起草过程中多次征求各方意见，对一些重点问题反复与相关职能部门研讨，最终就新时代人民法庭工作重要意义和指导思想、工作原则、服务全面推进乡村振兴、服务基层社会治理、服务人民群众高品质生活需要、人员管理机制改革、专门考核机制、建设保障、组织领导等九个方面作出35条规定。其中，“优化法庭布局”“优化队伍结构”“优化专业建设”把握了新时代人民法庭工作发展客观规律，《意见》坚持“三个优化”的工作原则，要求将其贯彻到新时代人民法庭工作高质量发展具体举措中。

二、《意见》重点问题解读

从全国情况看，人民法庭在审判职能上存在差异性特征淡化、人案矛盾尖锐、高水平审判能力欠缺、裁判规则供给不足等问题；在参与基层社会治理、服务乡村振兴等综合职能上存在认识不清、界限不明、资源不足等问题；在自身建设上存在发展不平衡、保障不充分等问题。这些问题涉及方方面面，需要树立系统思维，加强上级人民法院指导，积极争取地方党委领导、人民政府支持等才能推动解决，一些重大问题还需要中央统筹解决。

（一）关于优化人民法庭布局

优化人民法庭布局是人民法庭工作高质量发展的重要保证和基础。随着经济社会迅猛发展，交通和通讯状况等发生巨大变化，部分人民法庭的设置和布局已经滞后于新形势。有的法庭所处位置不仅不能便利群众诉讼，还增加群众诉累；有少数地区因为经济迅速发展，成为新的人口集聚地，但是没有设置人民法庭或者设置不足，给当地人民群众诉讼带来不便。

《意见》主要是在城乡一体化背景下，从城乡差异入手，以人民法庭辖区范围为依据，区分城区法庭、城乡接合法庭、乡村法庭，综合考虑案件数量、区域面积、人口数量、交通条件、信息化发展状况、参与乡村振兴和社会治理任务等因素，不断优化人民法庭区域布局。

（二）关于优化人民法庭专业化建设

调研发现，基于经济社会发展、区域中心工作需要，近年来人民法庭专业化建设发展迅猛，成为人民法庭工作的新亮点。截至 2021 年 6 月，全国共有专业人民法庭 840 个，其中单独设立 332 个，加挂设立 508 个。大部分专业化法庭实行跨地域管辖，只审理一类或几类案件，与院本部机关专业审判运行方式类似；加挂专业化法庭依托于综合性法庭，除审理一般案件外，还跨区域审理婚姻家庭、未成年人、劳动争议、物业纠纷、道路交通、环保旅游、金融、医疗等类型化案件。

《意见》第 5 条根据人民法庭实际发展情况，坚持综合性与专业化相结合的发展思路，认为农村地区要继续加强和完善综合性人民法庭建设；城市近郊或者城区，可以由相关人民法庭专门或者集中负责审理新类型案件；产业特色明显地区，可以由专业化人民法庭专门负责审理涉及特定区域或者特定产业的案件。需要注意的是，人民法庭专业化建设一定要从实际出发，要有一定专业化案件数量基础，并且符合辖区社会治理实际需要。

（三）关于服务全面推进乡村振兴

民族要复兴，乡村必振兴。“十四五”规划和2035年远景目标纲要对优先发展农业农村、全面推进乡村振兴作出总体部署，这是新发展阶段人民法庭工作的重要使命，也是人民法庭发展的重大契机。新形势下，人民法庭将紧扣“三农”工作重心从脱贫攻坚历史性转移到全面推进乡村振兴后的新任务新要求，以司法手段服务巩固拓展脱贫攻坚成果、全面推进乡村振兴、加快农业农村现代化。人民法庭处理的基层矛盾纠纷类型与经济社会发展程度紧密相关，随着乡村振兴战略实施，人民法庭受案类型将不断丰富，对其诉源治理水平和综合审判能力提出新的更高要求。

《意见》立足人民法庭执法办案基础职责，从服务乡村产业振兴、维护农民合法权益、推动乡村文明进步、保护农村生态环境等四个方面作出规定，对“三农”、粮食安全战略、种业安全、“三权分置”等问题作出具体回应。

（四）关于服务基层社会治理

推动新时代人民法庭工作高质量发展必须要有系统观念，要立足于人民法庭法定职责，增强服务大局的自觉性。“案多人少”“事多人少”是当前制约人民法庭工作高质量发展的主要矛盾，如何扭转案件增长趋势，提高“司法生产力”，建立公正权威高效的司法体制，把执法办案与参与社会治理等工作作为整体来统筹，是新时代人民法庭工作高质量发展的必然要求。调研发现，基层党委政府对人民法庭在基层社会治理当中的作用均予充分肯定，也希望能够发挥更大作用。现阶段人民法庭对参与基层社会治理主要有两点顾虑：一是由于矛盾纠纷就是潜在的诉讼案件，担心参与辖区政府、基层自治组织公共事务过深，影响案件客观公正审判；二是基于审判独立性和被动性特征，参与基层社会治理的方式和边界不好把握。

因此，人民法庭参与基层社会治理自发探索居多，系统化、体系化机制建设不足。大多人民法庭干警长期接触基层、直面人民群众矛盾纠纷，有强烈参与基层社会治理的责任感和情怀，深刻明白化解矛盾纠纷是人民法庭最重要职能，但是需要与其他基层组织形成化解合力。对此，《意见》从推动健全基层社会治理体系、明确参与基层治理途径、加强源头预防化解矛盾和基层法治建设、完善相关纠纷审理规则等方面作出规范。

一是推动健全基层社会治理体系。近年来，诉讼案件数量一直居高不下，对人民法院工作的影响是方方面面的。但问题根源在基层社会治理，解决问题的根本在于基层治理体系和治理能力的现代化。人民法庭工作高质量发展的重要任务之一就是要推动健全基层社会治理体系。《中国共产党政法工作条例》对基层社会治理体系中人民法庭和基层党委之间的关系作了规定，《意见》第10条据此强调，人民法庭要积极融入党委领导的基层社会治理框架，充分利用辖区党委政府组织优势，明确服务辖区大局司法需求，有的放矢做好基层社会治理工作，加强对矛盾纠纷的预防和化解；同时，尊重人民法庭创新基层社会治理的方式方法，服务于基层党委政府，以更大力度加强矛盾纠纷多元化解机制建设。实践中，要注重推动矛盾纠纷预防化解的实效性，凸显基层社会治理效能。

二是明确参与基层社会治理途径。2014年制定印发的《关于进一步加强新形势下人民法庭工作的若干意见》第2条指出人民法庭要积极参与基层社会治理，但是对如何参与基层社会治理则没有明确，这是实践中反映最为集中的问题之一。社会矛盾纠纷化解的实践表明，社会问题在不同阶段有不同特点。以矛盾纠纷是否发生及形成诉讼为标准，可以分为潜在纠纷、未成诉纠纷、成诉纠纷。对于潜在纠纷，要加强源头治理；对于未成诉纠纷，要加强指导各类调解；对于成诉纠纷，要加强执法办案。其中，人民法庭参与源头治理时容易与行政等部门的职能混淆。

为进一步明晰人民法庭参与基层社会治理的途径，《意见》第11条规定，对没有形成纠纷但具有潜在风险的社会问题，可以向乡镇、社区有关单位提出法律风险防控预案；对立案、审判、执行、信访等工作中发现普遍存在的社会问题，应当通过司法建议、白皮书、大数据研究报告等方式，及时向党委、政府、基层组织、社会公众反馈，服务科学决策；对已经发生矛盾纠纷的社会问题，可以提出可能适用的法律依据以及相应裁判尺度，推动社会力量进行诉讼前化解，但是不宜在诉讼程序外对已经成诉的纠纷提出处理意见。

必须注意的是，当基层人民法院、人民法庭无法准确把握参与基层社会治理的途径时，上级人民法院应当给予及时明确的指导。第11条规定实际上从另一方面明确肯定了人民法庭可以依法有序提前介入到社会矛盾纠纷预防化解工作中。调研过程中，北京市大兴区、重庆市铜梁区等地党委政府对人民法庭提前介入重大工程、突发事件、中心工作取得的良好效果均给予充分赞扬。

三是加强源头预防化解矛盾和基层法治建设。调研发现，人民法庭在编干警中，本科以上学历干警总数达27000多名，占法庭在编干警比例超过80%。《意见》为充分发挥人民法庭在服务乡村振兴、服务基层社会治理中的专业优势和人才优势，在第12条、第13条提出要推动建立以人民法庭为重要支点的基层社会法治体系，推动人民法庭进乡村、进社区、进网格，立足人民法庭法定职责，依法有序参与基层社会治理。这要求人民法庭积极推动多元化纠纷解决机制建设，加强对调解组织的指导，利用多方力量、多种平台加强矛盾纠纷的就地化解，努力降低进入诉讼程序的矛盾纠纷数量，推动建立以人民法庭为重要支点的、多层次的、多元化的基层社会矛盾纠纷解决体系。

因为只有在解决案件数量高位运行问题后，“便于人民群众及时感受到公平正义”的工作原则才能得以有效实现，人民法庭工作高质量发展才有令人信服的基础。实践中，部分人民法庭在现阶段人力资源较为紧缺，在参与基层社会治理时更要学习优秀经验和方式方法，要以先进经验为引领，既要量力而行，更要尽力而为。近期，最高人民法院还将推广运用人民法院调解平台等工作方式，推动人民法庭进乡村、进社区、进网格，广泛对接基层解纷力量，形成基层多元解纷网络，在线开展案件调解、司法确认等工作。

四是完善相关纠纷审理规则。进入新时代，社会主要矛盾发生新变化，社会利益格局大调整，矛盾纠纷不断增多，案件类型不断丰富，对人民法庭综合审判能力提出新要求。实践中，法律供给不足导致裁判标准不统一，例如集体资产分割条件、成员资格认定、拆迁腾退合同性质、家庭关系变动对户内成员界定及财产分割等缺乏明确裁判规则。基于此，《意见》第 14 条规定，对案件审理过程中遇到的问题，高级人民法院可以对辖区内反映强烈、处理经验成熟的问题以纪要、审判指南、参考性案例等方式及时明确裁判指引。这同时表明，涉及一些新类型、疑难复杂案件乃至历史遗留案件，在一审判决后，上级人民法院不能轻易回避矛盾，要尊重经济社会发展实际，深入了解纠纷发生的背景动机，不能因为一些轻微瑕疵随意对案件发回重审。

（五）关于服务人民群众高品质生活需要

习近平总书记强调，进入新发展阶段，必须更加注重共同富裕问题，要始终把满足人民对美好生活的新期待作为发展的出发点和落脚点。党的十九大提出，人民群众对美好生活的向往就是我们的奋斗目标。人民法庭是化解矛盾纠纷、服务人民群众的第一线，是人民法院坚持以人民为中心的最生动实践，新时代人民法庭工作应当紧扣社会主要矛盾新变化，紧紧抓住基层和乡村人民群众日益增长的司法需求与人民法庭工作发展不平衡、保障群众权益不充分之间的矛盾，服务人民群众对高品质生活的新期待。

调研发现，一站式建设有待根据各地人民法庭需求分类分步骤推进，信息化应用效果、繁简分流改革均有待进一步深化，人民法庭直接立案、执行机制有待完善，这些问题成为人民法庭服务保障人民群众高品质生活需要的制约因素。《意见》从加强民生司法保障、提升一站式诉讼服务能力、完善直接立案机制、推进案件繁简分流、推动解决送达难、推进直接执行机制等六个方面作出规范，提出要妥善处理民生案件，坚持因地制宜推进一站式建设、不搞“一刀切”，推进完善人民法庭直接立案或者基层人民法院派驻立案机制和跨域立案服务，贯彻民事诉讼程序繁简分流改革要求推进案件繁简分流，发挥电子送达、集约化送达和网格员送达优势推动解决送达难，探索部分案件根据情况由人民法庭直接执行或者由基层人民法院派驻执行组执行的工作机制，同时防范廉政风险。

（六）关于人民法庭人员管理

从现状看，人员配备不足、人才流失、法官断层问题是人民法庭工作高质量发展的最大制约因素，在城区法庭和城乡接合法庭体现为“人案矛盾”比较突出，案件较多、人力资源不足；在乡村法庭则体现为“人庭矛盾”，即法庭比较多，基层社会治理任务较多，人员较少。在参与社会治理上，专业人民法庭参与行业或者专项治理较为积极；案件少的法庭参与基层社会治理比较主动；案多人少的法庭基本上没有时间和精力主动参与日常基层社会治理。

《意见》第21条至第25条，从完善司法责任制综合配套改革、探索建立人员编制动态调整机制、完善干部锻炼培养机制、落实人民陪审员制度和加强履职保障等五个方面进行规定。实践中需把握好以下几个方面。

一是人员力量要向人民法庭倾斜。当前改革背景下，单纯靠增加编制和人员解决“人案矛盾”和“人事矛盾”难以为继。但是随着人民法庭服务乡村振兴战略、服务基层社会治理任务越来越重，相对于院机关审判部门的非办案任务越来越多，人员编制一定要向人民法庭倾斜，要大力配强审判辅助力量。

二是《意见》第22条强调，每个人民法庭至少配备一名审判员、一名法官助理、一名书记员、一名司法警察或者安保人员。这是因为在实际工作中，人民法庭除了执法办案任务以外，还承担着诉源治理、法治宣教等综合任务，前述四类人员配备为最低配置，有需要、有条件的地方应当配备三名审判员。目前，不符合该要求的人民法庭应当尽快落实该要求。

三是由于经济社会发展不平衡，同一辖区内，各人民法庭所承担的案件数与配备的编制数之间普遍难成正比。基于此，《意见》规定要结合四级人民法院审级职能定位改革，高级人民法院协调编制部门在省级层面建立人员编制动态调整机制，基层人民法院在核定编制内将编制向案件数量多、基层社会治理任务重的人民法庭倾斜。

四是强化人民法庭干部锻炼培养基地作用。干部锻炼方面，《意见》规定新入职和新晋升人员要选派或者优先到人民法庭工作。值得注意的是，为防止人民法庭干警边缘化，还要建立院机关与人民法庭人员之间定期轮岗交流等机制，人民法庭庭长任职满一定年限要进行交流。干部培养方面，要在提拔晋升时适度向长期在人民法庭工作的干警倾斜，同等条件下，人民法庭庭长优先选配为基层人民法院院领导；入额遴选，具有三年人民法庭工作经历的法官助理在同等条件下优先入额；中级人民法院遴选，应当接收适当比例具有人民法庭工作经历的法官。

五是聘用制书记员招录培养。各地普遍反映，聘用制书记员在人民法庭工作中发挥着重要作用，但是因为招录和待遇问题已经成为人民法庭干警中最不稳定的群体。因此，《意见》规定，高级人民法院要积极争取协调人事部门，建立招录便捷机制和定向培养机制。关于待遇问题，有的部门认为由于财政政策原因，不宜在第22条中明确规定，但基层人民法院可以依据《意见》第30条主动争取地方党委政府支持，切实解决聘用制书记员的实际困难。

六是加强履职保障。调研发现，大多数人民法庭干警工作量呈饱和状态，且相比院机关审判部门履职保障更为迫切。《意见》第25条从精准培训、不实举报处理、遭受人身威胁的保护、落实抚恤政策、鼓励投保工伤保险和人身意外伤害保险等途径，有针对性地提供履职保障。实践中，这些履职保障措施都需要基层人民法院党组积极协调落实。

（七）关于人民法庭专门考核

按照工作性质，大致可以将人民法庭的工作分为三类：一是执法办案，除审判外，部分人民法庭承担立案、执行工作；二是参与基层社会治理、服务辖区重点工作、推进矛盾纠纷预防化解等司法服务保障性工作；三是党建、队建、后勤保障、基础设施等建设工作。

调研发现，人民法庭参与第二类工作方式多样，工作效果难以准确量化、确定考核权重，人民法庭大量该类工作没有纳入考核体系，缺乏激励机制。人民法庭干警普遍呼吁建立专门考核机制。为回应干警呼声、解决这一难题，最高人民法院梳理总结各地经验，反复论证，认为人民法庭工作任务繁重，参与基层社会治理和指导调解等工作需要投入大量精力和时间，如不纳入考核，则不能准确体现人民法庭干警的付出。另外，参与基层社会治理，目前主要依靠人民法庭干警特别是庭长的政治自觉，长此以往，人民法庭参与基层社会治理的积极性和可持续性将受影响。为此，《意见》第26条、第27条对人民法庭专门考核体系作了规定。

一是强调考核要符合人民法庭工作规律和司法规律，定性和定量相结合，坚决清理、取消不合理、不必要的考评项目和指标。

二是规定考核内容时，要综合考虑执法办案、指导调解、诉源治理，重点考核化解矛盾的质效。

三是为了制定合乎规律、更为科学的人民法庭专门考核机制，鼓励乡村振兴服务任务重、参与基层社会治理好的基层人民法院先行先试，为其他地方提供可复制可借鉴的经验。

四是为更好发挥人民法庭“两个平台”的作用，《意见》第32条还规定“两个平台”建设情况应当作为人民法庭工作的考核内容。

（八）关于人民法庭建设保障

人民法庭高质量发展还需要高水平保障机制，这是贯彻“强基导向”的重要内容。近年来，人民法庭基础建设提速升级。其中，经费保障迅速增长，“十三五”期间净增长2.2倍；信息化建设不断加强，部分地区科技法庭配备率达100%。但调研中也发现，不少地区人民法庭保障水平存在较大差距，个别人民法庭建设情况不容乐观。《意见》从基础设施建设、安保工作、经费保障制度、购买社会化服务、“两个平台”建设等五个方面提出明确要求。

一是对基础设施建设提出总体要求。实践中发现，部分基层人民法院基建工作不能适应人民法庭新需求；有的人民法庭建设面积不达标，办公用房和辅助用房紧缺；有的人民法庭基础设施设备投入使用时间较长，残旧坏损情况比较普遍；有的执法办案车辆老旧，用车紧张；截至2021年6月，尚有1317个人民法庭没有安装统一标识，个别人民法庭还存在名称不规范问题。因此，《意见》针对实践中的困难和问题，要求高级人民法院承担主体责任，“十四五”期间内，要实现人民法庭办公办案和辅助用房的充分保障，规范化标准化建设得到显著加强，业务装备配备水平得到较大提升，网上立案、电子送达、网上开庭等信息化设施设备配备齐全，信息化建设应用效果进一步强化，人民法庭外观标识完全统一，人民法庭工作生活条件得到较大改善。

二是加强安保工作。人民法庭安保工作形势比较严峻，全国平均每个人民法庭不足一名安保人员，不少人民法庭仅配备金属检测门，其他监控和安保设施缺失，有的地方人民法庭安全检查装备配备不到五成。针对前述状况，2021年4月，最高人民法院发布了《人民法庭安全管理规定（试行)》。《意见》再次对人民法庭安保工作作出强调，并对重点风险防控举措作了细化。基层人民法院院长、人民法庭庭长作为安保责任人，应当根据实际情况，积极主动做好安保工作，切不可对安保风险无动于衷，听之任之。

三是加强经费保障。各地普遍反映经费保障只能满足日常办案需求，人民法庭维修等临时性支出和信息化建设经费缺口较大。人财物省级统管背景下，《意见》第30条根据事权与财权相统一的原则，对于人民法庭服务乡村振兴、服务辖区社会治理等地方事权，要积极协调当地政府财政支持；对于人财物省级统管地区，明确了高级人民法院负有争取协调省级有关部门下放人民法庭新建、维修等经费项目审批权的义务。与此同时，仍然可以争取辖区党委政府保障人民法庭高水平建设、继续落实好人民法庭庭长职级待遇和干警工作津贴、补贴等政策。调研可以看出，地方人财物保障与人民法庭参与基层社会治理、服务中心工作呈正向关系，即基础建设较好的人民法庭也是辖区党委政府支持比较到位、基层社会治理效果较好的法庭。

四是规范化、规模化购买社会化服务。购买社会化服务是不少地方人民法院解决人民法庭人力资源紧张的成功经验之一，以点破面，以经济资源换人力资源，效果很好。调研发现，目前人民法庭非在编人员（含聘用制人员以及第三方用工人员）共计3.2万余人，基本与在编干警数量持平。在人员编制短期内难以解决的情况下，可以推动购买社会化服务规模化，缓解人民法庭人员紧缺，同时注意规范化建设，防止廉洁风险。《意见》第31条对购买社会化服务作出了规定。实践中，人民法院应当注意推动社会化服务购买经费列入年度预算统筹保障，实际操作中可以根据自身需求确定社会化购买规模，最大可能解决人力资源紧张问题。

五是持续推进“两个平台”建设。2019年11月8日，人民法庭“两个平台”正式上线。人民法庭工作平台功能定位为注重分析管理，人民法庭信息平台为注重舆论宣传。《意见》第32条对“两个平台”建设作出了规定。目前，“两个平台”仍是新生事物，其应用推广和管理创新还不够，各地人民法院应当把人民法庭“两个平台”建设情况作为工作考核内容，激励效能发挥。

（九）关于人民法庭工作的组织领导

《意见》第33条到第35条从党的建设、汇报协调、工作机制三个方面对人民法庭工作的组织领导作出了规定。

一是坚定不移地加强党的建设。人民法庭党建只能加强，不能削弱，要坚持“支部建在庭上”，实现党的组织和党的工作全覆盖。推进人民法庭党支部标准化、规范化建设，党建工作应当引领人民法庭工作全过程，充分发挥党建工作在队伍建设、司法管理、廉洁司法中的重要作用，学会创新人民法庭党建模式，不能以人员少、工作多、任务重忽视党建工作。不少人民法庭党建品牌建设非常具有特色，在队伍建设、审判工作乃至基层社会治理等方面发挥了不可替代的作用。

二是向辖区党委汇报协调。辖区党委政府既是人民法庭司法服务保障对象，也是人民法庭坚强有力的组织保障。人民法庭工作必须服务辖区经济社会发展大局，人民法庭工作高质量发展同样也有赖党委政府实实在在的支持。《意见》明确要求，各级地方人民法院要定期或者不定期就人民法庭工作向当地党委作专题汇报，推动把加强人民法庭工作作为重点工作纳入党委政府总体工作格局，寻求辖区党委在人力资源、职级待遇、经费保障等方方面面的支持，切实解决人民法庭工作存在的实际困难。例如，湖北省人大常委会制定《关于充分发挥人民法庭作用促进基层社会治理的决定》，切实推动人民法庭工作高质量发展。

三是完善管理工作机制。人民法庭工作高质量发展需要司法管理机制高质高效，需要将人民法院工作重心下移到人民法庭。人民法庭作为法院组织法专门规定的机构，其工作内容对内包括执法办案、政治建设、队伍建设、基础设施建设、经费保障、安全保障等，对外还包括诉源治理、指导调解等内容，综合性较强，任何一个职能部门均无法有效直接管理。基于此，《意见》从三个层面对人民法庭的司法管理予以规定。第一层面要求地方三级人民法院院长亲自统筹人民法庭工作，把人民法庭工作当作“一把手”工程，将人民法院工作重心下移到基层基础。第二层面要求各级人民法院院领导大兴调查研究之风，确定一至两个人民法庭联系点，及时发现问题，总结经验。这是因为人民法庭只设立在基层人民法院，上级人民法院领导如不深入开展调研，很难正确认识人民法庭工作中存在的困难，提出有效的解决措施。第三层面发挥人民法庭领导小组及其办事机构的实际作用，实质上要求明确小组中各部门的工作职责，加强归口管理，定期研究解决人民法庭工作中的问题困难。

（来源：《人民司法》2021年第31期）

最高人民法院

关于加强新时代知识产权审判工作为知识产权强国建设提供有力司法服务和保障的意见

2021 年 9 月 24 日　　　　法发〔2021〕29 号

为深入贯彻落实《知识产权强国建设纲要（2021—2035 年）》和党中央关于加强知识产权保护的决策部署，适应新时代要求，全面加强知识产权司法保护，为知识产权强国建设提供有力司法服务和保障，制定本意见。

一、心怀“国之大者”，准确把握加强新时代知识产权审判工作的总体要求

1. 确保新时代知识产权审判工作始终沿着正确方向前进。坚持以习近平新时代中国特色社会主义思想为指导，持续深入学习贯彻习近平法治思想，全面贯彻党的十九大和十九届二中、三中、四中、五中全会精神，增强“四个意识”、坚定“四个自信”、做到“两个维护”，不断提高政治判断力、政治领悟力、政治执行力，不折不扣贯彻落实习近平总书记关于加强知识产权保护的系列重要讲话精神和党中央决策部署。

牢牢坚持党的领导，坚持以人民为中心，坚定不移走中国特色社会主义法治道路。牢牢把握加强知识产权保护是完善产权保护制度最重要的内容和提高国家经济竞争力最大的激励，紧紧围绕“十四五”规划和二〇三五年远景目标，强化系统观念、法治思维、强基导向，增强机遇意识、风险意识，全面提升知识产权司法保护水平。适应新时代要求，立足新发展阶段，完整、准确、全面贯彻新发展理念，自觉融入构建新发展格局、推动高质量发展，为建设知识产权强国提供有力司法服务和保障。

2. 增强做好新时代知识产权审判工作的责任感使命感。坚持把创新作为引领发展的第一动力，树立保护知识产权就是保护创新的理念，深刻认识全面加强知识产权审判工作事关国家治理体系和治理能力现代化，事关推动高质量发展和创造高品质生活，事关国内国际两个大局。自觉践行初心使命，找准司法服务“国之大者”的结合点、切入点，担当作为、改革创新，健全公正高效、管辖科学、权界清晰、系统完备的知识产权司法保护体制，开创新时代知识产权审判工作新局面。

3. 正确把握新时代人民法院服务知识产权强国建设的工作原则。紧紧围绕“努力让人民群众在每一个司法案件中感受到公平正义”目标，坚持以人民为中心，充分发挥知识产权审判职能作用，落实惩罚性赔偿制度，加大对侵权行为惩治力度，切实维护社会公平正义和权利人合法权益。坚持严格保护，依法平等保护中外当事人及各类市场主体合法权益，维护公平竞争市场秩序，服务以国内大循环为主体、国内国际双循环相互促进的新发展格局。坚持公正合理保护，防范权利过度扩张，确保公共利益和激励创新兼得。坚持深化改革，强化信息化技术运用，加快推进知识产权审判体系和审判能力现代化。坚持协同配合，强化国际合作，为全球知识产权治理贡献中国司法智慧。

二、依法公正高效审理各类案件，充分发挥知识产权审判职能作用

4. 加强科技创新成果保护，服务创新驱动发展。充分发挥知识产权审判对科技创新的激励和保障作用，实现知识产权保护范围、强度与其技术贡献程度相适应。充分发挥司法裁判在科技创新成果保护中的规则引领和价值导向职能，总结提炼科技创新司法保护新规则，促进技术和产业不断创新升级。以强化保护为导向，加强对专利授权确权行政行为合法性的严格审查，推动行政标准与司法标准统一，促进专利授权确权质量提升。以实质性解决专利纠纷为目标，建立专利民事行政案件审理工作在甄别统筹、程序衔接、审理机制、裁判标准等方面的协同推进机制，防止循环诉讼和程序空转，有效提高审判效率。

5. 加强著作权和相关权利保护，服务社会主义文化强国建设。充分发挥著作权审判对于优秀文化的引领和导向功能，促进文化和科学事业发展与繁荣。依法加强“红色经典”和英雄烈士合法权益保护，以法治手段传承红色文化基因，大力弘扬社会主义核心价值观。加大对文化创作者权益保护，准确把握作品认定标准。依法维护作品传播者合法权益，适应全媒体传播格局变化，依法妥善处理互联网领域文化创作及传播的著作权保护新问题。依法审理涉著作权集体管理组织案件，妥善处理维护著作权集体管理制度和尊重权利人意思自治关系，促进作品传播利用。加强遗传资源、传统文化、传统知识、民间文艺等知识产权保护，促进非物质文化遗产的整理和利用。

6. 加强商业标志保护，服务品牌强国建设。提高商标授权确权行政案件审理质量，坚决打击不以使用为目的的商标恶意注册行为，科学合理界定商标权权利边界与保护范围，促进商标申请注册秩序正常化和规范化。强化商标使用对确定商标权保护范围的作用，积极引导权利人持续实际使用商标，发挥商标的识别功能，保护消费者合法权益。制定

商标民事纠纷案件司法解释，加强驰名商标、传统品牌和老字号司法保护，依法支持商标品牌建设。完善地理标志司法保护规则，遏制侵犯地理标志权利行为，推动地理标志与特色产业发展、生态文明建设、历史文化传承以及乡村振兴有机融合。

7. 加强新兴领域知识产权保护，服务新领域新业态规范健康发展。准确适用个人信息保护法、数据安全法，加强互联网领域和大数据、人工智能、基因技术等新领域新业态知识产权司法保护，完善算法、商业方法和人工智能产出物知识产权司法保护规则，合理确定新经济新业态主体法律责任，积极回应新技术、新产业、新业态、新模式知识产权保护司法需求。加强涉数据云存储、数据开源、数据确权、数据交易、数据服务、数据市场不正当竞争等案件审理和研究，切实维护数据安全，为数字中国建设提供法治保障。

8. 加强农业科技成果保护，服务全面推进乡村振兴。加大重大农业科技成果保护力度，促进农业生物技术、先进制造技术、精准农业技术等方面重大创新成果的创造。依法严格保护国家种质资源，严厉打击制售假冒伪劣品种、侵犯植物新品种权、种子套牌等行为，强化植物新品种刑事司法保护，提升种业知识产权司法保护水平，有效保障国家种业和粮食安全。创新和加强地方特色农业知识产权司法保护机制，完善保护种业知识产权合作机制，形成保护合力。

9. 加强中医药知识产权保护，服务中医药传承创新发展。依法妥善审理涉中医药领域知识产权纠纷案件，推动完善中医药领域发明专利审查规则，促进提升中医药领域专利质量。加强中医药古方、中药商业秘密、道地药材标志、传统医药类非物质文化遗产司法保护，推动完善涉及中医药知识产权司法保护的国际国内规则和标准，促进中医药传统知识保护与现代知识产权制度有效衔接。

10. 加强反垄断和反不正当竞争司法，维护公平竞争的市场法治环境。严格落实《关于强化反垄断深入推进公平竞争政策实施的意见》，坚持规范和发展并重，依法妥善审理反垄断和反不正当竞争案件。出台反垄断民事纠纷司法解释和反不正当竞争司法解释，发布典型案例，发挥“红绿灯”作用，明确司法规则，规范市场主体行为。加强对平台企业垄断的司法规制，依法严惩平台强制“二选一”“大数据杀熟”等破坏公平竞争、扰乱市场秩序行为，切实保护消费者合法权益和社会公共利益，维护和促进市场公平竞争。强化平台经济、科技创新、信息安全、民生保障等重点领域案件审理和宣传，通过司法裁判强化公平竞争意识，引导全社会形成崇尚、保护和促进公平竞争的市场环境。

11. 加强商业秘密保护，护航企业创新发展。依法加大涉及国家安全和利益的技术秘密司法保护力度，严惩窃取、泄露国家科技秘密行为。正确把握侵害商业秘密民事纠纷和刑事犯罪的界限，完善侵犯商业秘密犯罪行为认定标准。加强诉讼中的商业秘密保护，切实防止诉讼中“二次泄密”，保障权利人依法维权。妥善处理保护商业秘密与自由择业、竞业限制和人才合理流动的关系，在依法保护商业秘密的同时，维护劳动者正当就业创业合法权益，保障企业创新发展，促进人才合理流动。

12. 加强科技创新主体合法权益保护，激发创新创造活力。认真落实科学技术进步法、促进科技成果转化法，加强科技成果有关各项权益的司法保护。依法妥善处理因科技成果权属认定、权利转让、价值确定和利益分配产生的纠纷，准确界定职务发明与非职务发明的法律界限，依法支持以科技成果转化所获收益对职务科技成果完成人和为科技成果转化作出重要贡献的人员给予奖励和报酬，充分保障职务发明人获得奖励和报酬的合法权益。依法积极支持深化科技成果使用权、处置权、收益权改革。规范和促进知识产权融资模式创新，保障知识产权金融积极稳妥发展。依法保护国家实验室、国家科研机构、高水平研究性大学、科技领军企业等国家战略科技力量的名称权、名誉权、荣誉权等权利，依法保护科研人员经费使用自主权和技术路线决定权，从严把握定罪标准，严格区分罪与非罪，避免把一般违法或违纪作为犯罪处理，支持科技创新和研发活动。

三、提升知识产权司法保护整体效能，着力营造有利于创新创造的法治环境

13. 加大对侵犯知识产权行为惩治力度，有效阻遏侵权行为。依法妥善运用行为保全、证据保全、制裁妨害诉讼行为等措施，加强知识产权侵权源头治理、溯源打击，及时有效阻遏侵权行为，切实降低维权成本，提高侵权违法成本，促进形成不敢侵权、不愿侵权的法治氛围。正确把握惩罚性赔偿构成要件，加大知识产权侵权损害赔偿力度，合理运用证据规则、经济分析方法等手段，完善体现知识产权价值的侵权损害赔偿制度。出台知识产权刑事司法解释，加大刑事打击力度，依法惩治侵犯知识产权犯罪。加大对于知识产权虚假诉讼、恶意诉讼等行为的规制力度，完善防止滥用知识产权制度，规制“专利陷阱”“专利海盗”等阻碍创新的不法行为，依法支持知识产权侵权诉讼中被告以原告滥用权利为由请求赔偿合理开支，推进知识产权诉讼诚信体系建设。

14. 健全知识产权多元化纠纷解决机制，创新知识产权解纷方式。切实将非诉讼纠纷解决机制挺在前面，坚持和发展新时代“枫桥经验”，拓展知识产权纠纷多元化解渠道，有效推动知识产权纠纷综合治理、源头治理。依托人民法院调解平台，大力推进知识产权纠纷在线诉调对接机制。建立健全知识产权纠纷调解协议司法确认机制，探索依当事人申请的知识产权纠纷行政调解协议司法确认制度，因地制宜创新知识产权解纷方式，满足人民群众多元高效便捷的纠纷解决需求。

15. 健全行政保护与司法保护衔接机制，推动构建大保护工作格局。积极参与知识产权保护体系建设工程，健全知识产权行政保护与司法保护衔接机制，加强与行政职能部门协同配合。充分发挥司法审查监督职能，促进知识产权行政执法标准与司法裁判标准统一。推动与国家市场监督管理总局、国家版权局、国家知识产权局等部门建立信息资源

共享机制，推进最高人民法院与中央有关部门数据专线连接工作，进一步推动知识产权保护线上线下融合发展，促进形成知识产权保护合力。为继续推动西部大开发、东北全面振兴、中部地区崛起、东部率先发展，深入推进京津冀协同发展、长江经济带发展、粤港澳大湾区建设、长三角一体化发展、黄河流域生态保护和高质量发展、成渝地区双城经济圈建设等国家区域发展战略提供司法服务和保障，提升服务国家重大发展战略水平。

16. 加强涉外知识产权审判，提升知识产权司法保护国际影响力。依法公正审理涉外知识产权案件，平等保护中外权利人合法权益，打造国际知识产权诉讼优选地，积极营造开放、公平、公正、非歧视的科技发展环境和市场化法治化国际化营商环境。妥善处理与国际贸易有关的重大知识产权纠纷，依法妥善处理国际平行诉讼，积极服务国内国际双循环新发展格局，确保案件裁判符合相关国际公约和国际惯例，促进国际贸易合作。深化国际司法交流合作，通过司法裁判推动完善相关国际规则和标准，积极参与知识产权司法领域全球治理，推动全球知识产权治理体制向着更加公正合理方向发展。

17. 加强法治宣传教育，营造促进知识产权高质量发展的人文环境。建立健全最高人民法院指导性案例、公报案例、典型案例等多位一体的知识产权案例指导体系，充分发挥司法裁判的指引示范作用。积极开展知识产权宣传周活动，持续打造中国法院知识产权司法保护状况、知识产权案件年度报告、中国法院10大知识产权案件和50件典型案例等知识产权保护法治宣传品牌，增进社会各界对知识产权司法保护的了解、认同、尊重和信任，厚植尊重创新、保护创新的良好氛围。

四、深化知识产权审判领域改革创新，推进知识产权审判体系和审判能力现代化

18. 加强高水平知识产权审判机构建设，完善知识产权专门化审判

体系。推动健全完善国家层面知识产权案件上诉审理机制，加强知识产权法院、知识产权法庭建设，深化司法责任制综合配套改革，推动优化知识产权管辖布局。深入推进知识产权民事、刑事、行政案件“三合一”审判机制改革，构建案件审理专门化、管辖集中化和程序集约化的审判体系。研究制定符合知识产权审判规律的诉讼规范，完善符合知识产权案件特点的诉讼证据制度。推进四级法院审级职能定位改革，深化知识产权案件繁简分流改革，优化知识产权民事、行政案件协同推进机制。推进知识产权案例、裁判文书和裁判规则数据库深度应用，统一知识产权司法裁判标准和法律适用，完善裁判规则。

19. 加强知识产权审判队伍建设，提升司法服务保障能力。坚持以党建带队建促审判，加强政治建设，筑牢政治忠诚，增强知识产权审判队伍服务大局意识和能力，努力锻造一支政治坚定、顾全大局、精通法律、熟悉技术、具有国际视野的知识产权审判队伍。加强知识产权审判队伍的专业化培养和职业化选拔，健全知识产权审判人才培养、遴选和交流机制，加强高素质专业化审判人才培养，健全知识产权专业化审判人才梯队。完善知识产权领域审判权运行和监督制约机制，确保队伍忠诚干净担当。加强技术调查人才库建设，完善多元化技术事实查明机制，充分发挥知识产权司法保护专家智库作用。加强与科学技术协会和其他科技社团协同合作，提高为科技创新主体提供法律服务的能力水平。

20. 加强智慧法院建设，提升知识产权审判信息化水平。扎实推进信息技术与法治建设融合促进，积极推进互联网、人工智能、大数据、云计算、区块链、5G 等现代科技在司法领域的深度应用，全面加强智慧审判、智慧执行、智慧服务、智慧管理，实现信息化建设与知识产权审判深度融合。适应信息化时代发展，探索更加成熟定型的在线诉讼新模式和在线调解规则，积极推进跨区域知识产权远程诉讼平台建设，加强司法大数据充分汇集、智能分析和有效利用。

最高人民法院法官会议纪要

专业金融机构持有载明抵押意思的股东会决议时的法律适用*

（最高人民法院第五巡回法庭2019年第10次法官会议纪要）

【主持人】魏文超

【出席法官】汪国献、冯文生、李德申、李延忱、李剑弢、马成波、葛洪涛、司伟、杨军、马岚、叶欢、乐敏

【列席人员】何能高

案情摘要

2016年5月30日，甲银行（债权人）与乙公司（主债务人）签订《贷款协议》，与5名保证人签订《保证合同》，同日发放2.15亿元贷款。2017年6月26日，丙公司作出股东会决议，载明股东会同意丙公司为乙公司向甲银行申请贷款2.15亿元提供抵押担保，抵押物为85套办公用房（注明了每套房屋的房产证号），该决议尾部加盖持有丙公司99%股权的丁公司印章及丙公司自己的印章。2017年7月，丁公司将所持丙公司的股权转出。乙公司到期未偿还借款，甲银行诉至法院，请

* 本文选自李少平主编：《最高人民法院第五巡回法庭法官会议纪要》，人民法院出版社2021年版，第20～32页。

求判令主债务人乙公司偿还本息，丙公司在股东会决议载明的 85 套办公用房及土地使用权范围内，对案涉债务承担连带清偿责任，其余保证人对案涉债务承担连带清偿责任。法院在审理中查明：甲银行与丙公司未订立抵押合同，甲银行持有上述股东会决议原件。对于甲银行持有该股东会决议的来源，各方表述不一。甲银行陈述系丙公司工作人员当面送交；丙公司陈述将决议交给了主债务人乙公司，并未交给甲银行；乙公司陈述未向甲银行送达过上述股东会决议。

法律问题

"抵押人"未与债权人签订抵押合同，但作出以特定房产对特定债权提供抵押担保意思的股东会决议（同时加盖股东公章与公司印章），在该股东会决议由债权人持有、"抵押人"否认将该股东会决议送交给债权人但自认将股东会决议送交主债务人的情况下，"抵押人"的责任如何认定?

不同观点

甲说：抵押合同成立，抵押人承担违约责任

虽然未签订书面抵押合同，但抵押人作出了提供对外担保的明确意思表示，债权人接受且未提出异议，应认定双方抵押关系成立。是否办理登记仅影响抵押权人的优先受偿问题，不影响抵押人依据抵押合同承担违约责任。具体违约责任范围依照《全国法院民商事审判工作会议纪要》第 60 条予以确定。

乙说：抵押合同成立，抵押人承担担保责任

该说在合同成立与责任成立问题上与违约责任说看法一致，不同之处在于责任性质。该说主张抵押人成立的是担保责任，在责任范围上与登记设立的抵押权大致相当；由于缺少了抵押权所具有的优先受偿权，抵押人还可能因对未办理抵押登记存在过错而对债权人优先受偿权受损另行承担损失赔偿责任。

丙说：抵押合同不成立，视情判断“抵押人”是否成立缔约过失责任

案涉股东会决议仅是一个内部决策，不符合法律关于抵押合同的要式性要求。结合公司意思表示的特殊性、合同主体的专业性、各方关于股东会决议送达问题的争议、当事人交涉协商的具体情形等因素，不能认定该决议具有对外担保的意思，也无法得出构成缔约过失责任的结论。

法官会议意见

采丙说

甲银行与丙公司之间的抵押关系不能成立。从合同形式角度看，我国合同法与物权法明确规定抵押合同应采用书面形式。甲银行作为专业金融机构，理应负有此项注意义务。本案当事人未签订书面抵押合同，不符合法律关于抵押合同的形式要求。从实质合意角度看，甲银行与丙公司也难谓形成了担保合意。一方面，案涉股东会决议虽加盖了公司股东的公章，载明了被担保债权的种类、数额及抵押财产范围，但法律性质为公司内部决议，而非书面要约、合同文本等通常以公司名义向特定主体发出的抵押意思表示载体；另一方面，即便将之视为一种抵押意思表示载体，其送达方式也存在争议，丙公司的意思外化过程存在瑕疵。

抵押关系不成立时，“抵押人”或需承担缔约过失责任。但本案中甲银行未提供证据证明丙公司存在假借订立合同恶意磋商行为，也未提供证据证明在持有丙公司股东会决议后曾积极催告丙公司订立抵押合同，加上案涉抵押系对发生在先的借款的追加担保，对借款的发放不产生实质影响，甲银行不能证明丙公司的行为对其造成了损失，故甲银行关于丙公司应当承担缔约过失责任的主张也不能获得支持。

意见阐释

一、公司意思表示

法律行为的要旨是根据行为人意志发生相应法律效果。设定法律效果的行为人意志必须表示于外，才能构成法律行为。这一表示于外的意志行为，称意思表示。[①] 从主观要件来说，意思表示应当包含表意人所意欲发生的法律关系变动的内容，以及所意欲追求的法律关系变动后果的意图；从客观要件来说，表意人系有意识地自主将内在意思以一定方式表示于外部，且表示行为足以为外界所客观理解。

公司意思的形成过程，原则上包括作出股东会决议、内部工作人员执行股东会决议并制作以公司名义向特定主体发出意思表示载体两个阶段。股东会决议以公司或者董事会等公司机关为受领人，原则上不对公司外部产生影响，公司法第十六条也未赋予股东会决议直接约束外部相对人的效力。但是，该问题也不能一概而论，如果载明特定内容的股东会决议流出公司，是否产生对外效力，就需要综合相关证据具体判断是否构成“意思表示的外化”。[②]

本案主要争议，就是涉及股东会决议是否构成了“意思表示的外化”。主要有以下两种不同观点。

观点一认为，构成“意思表示外化”，其主要理由有：第一，丙公司的股东会决议上，除加盖参会股东印章外，还加盖了丙公司自己的印章。第二，股东会决议所载内容满足法律规定的抵押合同应载明的主要

---

① 朱庆育：《民法总论》，北京大学出版社2016年版，第188页。

② 如天津市高级人民法院（2017）津民终323号案即在有股东会决议而无保证合同的情形下认定保证关系成立，该案债权人和主债务人签订的借款合同中已载明保证人承担连带责任，该股东会决议是债权人公司员工直接去抵押人公司经法定代表人签章后取回，抵押人同时还提供了加盖公司印章的法定代表人身份证复印件、公司资产负债表、企业信用报告等。

内容。[①] 案涉股东会决议载明股东会同意丙公司为乙公司向甲银行申请贷款 2.15 亿元提供抵押担保，被担保债权的种类和数额明确；载明抵押物为 85 套办公用房，附有具体详细的房产证号，抵押财产明确。第三，民法总则第一百三十七条第二款规定："以非对话方式作出的意思表示，到达相对人时生效。"就意思表示到达相对人的形式，法律上并无明确规定。在债权人持有股东会决议原件、无证据证明债权人采取窃取等不当手段取得该股东会决议的情况下，应认定丙公司"抵押"的意思表示已经到达债权人。

观点二认为，不构成"意思表示外化"，即股东会决议不构成公司对外提供抵押担保的意思表示，主要理由有：第一，公司对外担保意思的形成，是一个渐进的过程，从酝酿到形成再到为债权人所知，最后到担保作出，需要经历较为复杂的过程。仅凭股东会决议本身，只说明公司内部同意提供担保，不能说明公司对外作出了担保的意思表示。第二，法律关于抵押合同有特殊的形式要求，股东会决议毕竟是一份公司内部决议，而非书面要约、合同文本等通常以公司名义向特定主体发出抵押意思的载体。第三，在丙公司否认其直接向甲银行送交过股东会决议的情况下，甲银行何以持有案涉股东会决议在事实层面上存在争议，丙公司的意思外化过程存在瑕疵。债权人持有股东会决议的成因复杂，债权人持有股东会决议，仅仅表明公司曾经形成决议，不能仅以此事实来推定形成了公司意思的外化，也不意味着债权人有权依此主张权利。第四，判断是否形成合意这一事实问题，不可避免地会受到合意事项特殊性与主体类型的影响。本案合意对象是通常所认为纯负担义务的抵押合同，一方主体是专业金融机构，这都对认定合意的形成提出了更高要求。[②]

---

① 担保法第三十九条规定："抵押合同应当包括以下内容：（一）被担保的主债权种类、数额；（二）债务人履行债务的期限；（三）抵押物的名称、数量、质量、状况、所在地、所有权权属或者使用权权属；（四）抵押担保的范围；（五）当事人认为需要约定的其他事项。抵押合同不完全具备前款规定内容的，可以补正。"

② 该问题与下述合同要式性问题存在交叉，合同的要式性要求从合意判断角度讲，就是提高"合意"形式判断标准的产物。

二、抵押合同的要式性

要式合同，是指必须依据法律规定的或当事人要求的形式而成立的合同。[①] 从历史发展来看，合同的特定形式，即所谓的“要式”，在维护法律秩序中的角色，最初是证据功能，后来逐渐具备警示功能（对于某些具有显著的法律重要性与现实利害性的特殊意思表示，通过特殊的形式要求给予当事人最后一次深思熟虑的机会，以免作出草率决定）、信息透明化功能（防止交易优势方通过隐瞒相关信息干扰相对方自由意志的形成与表达）、区分不同类型交易的功能（例如区分合同交涉与合同缔结）、满足某些公法要求的功能（例如为不动产物权变动登记提供清楚且可信的基础），等等。[②]

现代社会市场经济的基本运行机理，在于通过市场主体追求自身利益这一“看不见的手”进行资源的基础性配置，与之相适应，各国主流的法律理念与法律制度坚持私法自治与合同自由。合同自由既包括当事人选择合同对象与磋商合同内容的自由，也包括订立合同形式的自由。与此同时，由于社会活动的日益复杂与主体能力的不同，完全的合同自由并不能实现实质正义，在扩大私法自治范围与程度的同时，法律管制也得到了强化，要式合同制度就是法律管制在合同形式方面的具体体现。在合同自由与形式强制的张力之下，一些要式合同消亡了，另一些要式合同则得以保留。

担保合同是一种要式合同，但对于不同种类的担保合同，现行法律关于“要式”的具体规定亦不相同。比如保证合同，担保法第十三条明确规定“保证人与债权人应当以书面形式订立保证合同”，但是《最高人民法院关于适用〈中华人民共和国担保法〉若干问题的解释》第二十二条又规定，第三人单方以书面形式向债权人出具担保书，债权人

---

① 韩世远：《合同法总论》，法律出版社 2018 年版，第 84 页。

② 王洪：《合同形式研究》，西南政法大学 2005 年博士学位论文。

接受且未提出异议的，保证合同成立。[①] 司法解释的规定实质上扩大了担保法第十三条对保证合同所要求的书面形式范围，将合同的书面性要求解释为包括“一方书面单方允诺”加“另一方接受且不提出异议”的情形。基于该司法解释体现的从宽解释书面合同的理念和精神，有观点认为，本案所涉抵押关系成立。具体理由如下：案涉股东会决议的作出，标志着公司内部意思的形成；书面意思表示载体到达权利人，完成了公司意思的外化；抵押与保证在性质上都是纯获利益的赋权性行为，规则应当类推适用；在载明抵押意思表示的股东会决议到达债权人且债权人未提出异议的情况下，应当认定抵押合同成立。

应该说上述观点具有一定合理性，但是综合考虑本案具体案情，尤其是法律关于抵押合同书面性的明确要求及权利人的专业金融机构性质，判决最终认为案涉抵押合同因欠缺法律规定的书面合同形式而不成立，主要理由有：第一，合同法第十条规定“法律、行政法规规定采用书面形式的，应当采用书面形式”[②]；担保法第三十八条规定“抵押人和抵押权人应当以书面形式订立抵押合同”；物权法第一百八十五条第一款规定“设立抵押权，当事人应当采取书面形式订立抵押合同”[③]，不难看出，对于抵押合是否必须采用书面形式，法律规定明确具体。第二，担保法与物权法所规定抵押合同采取书面形式，是指抵押合同采取书面形式，而非要约或承诺单个意思表示采取书面形式。相对于抵押合同而言，本案所涉股东会决议充其量只是书面的单方意思表示，或者说是要约，缺乏债权人的同意及签章，便没有书面合意，也就不符合法律关于“书面合同”的要求。在该问题上，尽管对“书面合同”的理解存在一定争议，《最高人民法院关于适用〈中华人民共和国担保法〉若

---

① 民法典吸收了该规定，于第六百八十五条规定：“保证合同可以是单独订立的书面合同，也可以是主债权债务合同中的保证条款。第三人单方以书面形式向债权人作出保证，债权人接收且未提出异议的，保证合同成立。”

② 现为民法典第四百六十九条第一款：“当事人订立合同，可以采用书面形式、口头形式或者其他形式。”

③ 现为民法典第四百条：“设立抵押权，当事人应当采用书面形式订立抵押合同。”

干问题的解释》也对保证合同的书面形式予以扩大解释，但其毕竟未涉及其他种类的担保合同。在法律明确规定抵押合同应采书面形式的情况下，本案难以参照适用《最高人民法院关于适用〈中华人民共和国担保法〉若干问题的解释》关于保证合同的规定，将债权人的“沉默”认定为对抵押关系的承诺，进而认定抵押合同有效成立。[①] 第三，法律对合同形式作出特殊要求，背后都有其价值目标。就抵押合同而言，其具有单向负担义务的性质，对抵押人风险性较高，“遵循某种形式之必要性，可给当事人产生某种交易性之气氛，可唤醒其法律意识，促使其三思，并确保其作出之决定之严肃性”[②]。第四，专业金融机构对于涉及债权安全的法律要求与后果理应明知。在本案抵押合同未采取法律规定书面形式情况下，应严格按照法律规定认定合同不成立，以明确法律适用标准，避免商事行为预期模糊，增加投机行为与交易成本。

三、抵押关系不成立时缔约过失责任问题

如上所述，本案抵押合同因为欠缺法定书面合同形式而不成立，丙公司不承担合同责任。但由于债权人持有了丙公司的内部股东会决议，并主张形成了关于抵押权的信赖，故本案是否构成缔约过失责任，也需要予以考察。

缔约过失责任的产生是对大陆法系传统契约理论的重大突破。依据德国传统契约法理论，有双方合意才有契约，有契约才有契约责任，责任产生的过程是：合意—契约—责任。因此在契约未成立的缔约阶段，因一方过失致另一方信赖利益损失无法得到赔偿，这对于受损一方明显不公。为周全保护缔约双方当事人利益，德国法学家耶林于1861年发表了《缔约过失责任无效或未完成之契约中之损害赔偿问题》一文，

---

① 民法总则第一百四十条第二款规定：“沉默只有在有法律规定、当事人约定或者符合当事人之间的交易习惯时，才可以视为意思表示。”保证合同因单方承诺函的送达而成立可以被视为法律的特殊规定，而对于抵押合同，则既无法律规定，也无商业惯例。

② ［德］迪特尔·梅迪库斯：《德国民法总论》，邵建东译，法律出版社2000版，第461页。

广泛承认信赖利益之赔偿，该学说最终为1900年《德国民法典》所采用。[①] 国内理论界对于缔约过失责任有多种不同表述，有学者认为，“缔约上的过失责任是指一方当事人未尽交易上必要的注意，使合同不成立、无效或被撤销以致相对人遭受损害，过失方因此应对相对人承担的损害赔偿责任”[②]；王泽鉴教授认为，缔约过失责任为“于缔约之际，尤其是在缔约谈判过程中，一方当事人因可非难的行为侵害他方当事人时，应依契约法原则（而非依侵权行为规定）负责”[③]。

缔约过失责任规定于合同法第二章“合同的订立”部分的第四十二条：“当事人在订立合同过程中有下列情形之一，给对方造成损失的，应当承担损害赔偿责任：（一）假借订立合同，恶意进行磋商；（二）故意隐瞒与订立合同有关的重要事实或者提供虚假情况；（三）有其他违背诚实信用原则的行为。”民法典更新了该法条的表述：“当事人在订立合同过程中有下列情形之一，造成对方损失的，应当承担赔偿责任……”虽然关于缔约过失责任中赔偿责任的性质存在争议，但对缔约过失责任的构成要件，认识较为一致。第一，缔约人违反了依诚信原则产生的先合同义务，例如，为对方提供必要便利、善意协商的协助义务，将与合同有关、可能影响合同成立或生效的信息如实相告的告知义务，不得向第三人泄露或者不正当使用在合同订立过程中知悉的对方秘密的保密义务，善尽必要注意义务避免对方人身、财产受到侵害的保护义务等。第二，违反先合同义务的行为发生在订立合同的过程中。第三，缔约人的信赖利益或固有利益受到损害。作为补偿性的救济方式，其目的是使受损当事人回复到受害前的状态，如果损害不存在，缔约过失责任存在的基础也就相应不存在。第四，违反先合同义务的行为与受损害事实之间有因果关系。第五，违反先合同义务的缔约人主观上

① 裴明学：《缔约过失责任与允诺禁反言原则比较研究》，载《现代法学》2004年第26卷第2期。

② 余恽：《论建立我国的缔约过失责任》，载《广东法学》1993年第3期。

③ 王利明：《违约责任论》，中国政法大学出版社1996年版，第597页。

存在过错。

主张对方违反缔约过失义务的一方，应当对其主张承担相应的举证责任，对于本案来说，除持有丙公司股东会决议原件外，甲银行无法举示双方缔约过程中进行过磋商的任何证据，更无法证明丙公司存在假借订立合同恶意磋商的行为。争议抵押事项系对在先发生借款的追加担保，对借款的发放不产生实质影响，甲银行不能证明丙公司的行为对其造成了损失。更为重要的是，考虑到本案债权人主体的特殊性，作为以发放贷款为主要业务的商业银行在持有案涉股东会决议之后怠于催告丙公司订立书面合同，不宜认定丙公司存在主观上的过错。故未支持甲银行关于丙公司承担缔约过失责任的请求。

法律法规链接

1.**《中华人民共和国民法总则》**（2017年3月15日）

第一百三十七条　以对话方式作出的意思表示，相对人知道其内容时生效。

以非对话方式作出的意思表示，到达相对人时生效。以非对话方式作出的采用数据电文形式的意思表示，相对人指定特定系统接收数据电文的，该数据电文进入该特定系统时生效；未指定特定系统的，相对人知道或者应当知道该数据电文进入其系统时生效。当事人对采用数据电文形式的意思表示的生效时间另有约定的，按照其约定。

第一百四十条第二款　沉默只有在有法律规定、当事人约定或者符合当事人之间的交易习惯时，才可以视为意思表示。

2.**《中华人民共和国合同法》**（1999年3月15日）

第十条第二款　法律、行政法规规定采用书面形式的，应当采用书面形式。当事人约定采用书面形式的，应当采用书面形式。

第四十二条　当事人在订立合同过程中有下列情形之一，给对方造成损失的，应当承担损害赔偿责任：

（一）假借订立合同，恶意进行磋商；

（二）故意隐瞒与订立合同有关的重要事实或者提供虚假情况；

（三）有其他违背诚实信用原则的行为。

3.**《中华人民共和国担保法》**（1995年6月30日）

第三十八条　抵押人和抵押权人应当以书面形式订立抵押合同。

4.**《中华人民共和国物权法》**（2007年3月16日）

第一百八十五条第一款　设立抵押权，当事人应当采取书面形式订立抵押合同。

5.**《最高人民法院关于适用〈中华人民共和国担保法〉若干问题的解释》**（2000年12月8日）

第二十二条第一款　第三人单方以书面形式向债权人出具担保书，债权人接受且未提出异议的，保证合同成立。

类案检索报告

一、检索工具：法信平台

二、关键词：股东会决议，筛选条件：审理法院——最高人民法院及各省、自治区、直辖市高级人民法院

三、检索结果：关于未签订抵押合同的情况下，能否基于抵押人作出的股东会决议认定抵押关系成立的问题，未检索到因仅有股东会决议、没有抵押合同认定或不认定担保关系成立的案例。仅检索到有股东会决议没有保证合同仍认定保证关系成立的案例1件。

序号	案件名称	案由	案号
1	天津市崔明饲料有限公司与被上诉人天津银湖投资咨询有限公司、天津市武清区吉奥饲料有限公司等及原审被告内蒙古康福源肉制食品有限公司企业借贷纠纷案	企业借贷纠纷	天津市高级人民法院（2017）津民终323号 最高人民法院（2018）最高法民申2884号

（执笔人：葛洪涛　刘　静）

部门规章、规章性文件与解读

证券交易所管理办法

（2021年10月28日中国证券监督管理委员会2021年第6次委务会议审议通过　2021年10月30日中国证券监督管理委员会令第192号公布　自公布之日起施行）

第一章　总　　则

第一条　为加强对证券交易所的管理，促进证券交易所依法全面履行一线监管职能和服务职能，维护证券市场的正常秩序，保护投资者的合法权益，促进证券市场的健康稳定发展，根据《中华人民共和国证券法》（以下简称《证券法》）、《中华人民共和国公司法》（以下简称《公司法》），制定本办法。

第二条　本办法所称的证券交易所是指经国务院决定设立的证券交易所。

第三条　证券交易所根据《中国共产党章程》设立党组织，发挥领导作用，把方向、管大局、保落实，依照规定讨论和决定交易所重大事项，保证监督党和国家的方针、政策在交易所得到全面贯彻落实。

第四条　证券交易所由中国证券监督管理委员会（以下简称中国证监会）监督管理。

第五条 证券交易所的名称，应当标明证券交易所字样。其他任何单位和个人不得使用证券交易所或者近似名称。

第二章 证券交易所的职能

第六条 证券交易所组织和监督证券交易，实施自律管理，应当遵循社会公共利益优先原则，维护市场的公平、有序、透明。

第七条 证券交易所的职能包括：

（一）提供证券交易的场所、设施和服务；

（二）制定和修改证券交易所的业务规则；

（三）依法审核公开发行证券申请；

（四）审核、安排证券上市交易，决定证券终止上市和重新上市；

（五）提供非公开发行证券转让服务；

（六）组织和监督证券交易；

（七）对会员进行监管；

（八）对证券上市交易公司及相关信息披露义务人进行监管；

（九）对证券服务机构为证券上市、交易等提供服务的行为进行监管；

（十）管理和公布市场信息；

（十一）开展投资者教育和保护；

（十二）法律、行政法规规定的以及中国证监会许可、授权或者委托的其他职能。

第八条 证券交易所不得直接或者间接从事：

（一）新闻出版业；

（二）发布对证券价格进行预测的文字和资料；

（三）为他人提供担保；

（四）未经中国证监会批准的其他业务。

第九条 证券交易所可以根据证券市场发展的需要，创新交易品种和交易方式，设立不同的市场层次。

第十条 证券交易所制定或者修改业务规则，应当符合法律、行政法规、部门规章对其自律管理职责的要求。

证券交易所制定或者修改下列业务规则时，应当由证券交易所理事会或者董事会通过，并报中国证监会批准：

（一）证券交易、上市、会员管理和其他有关业务规则；

（二）涉及上市新的证券交易品种或者对现有上市证券交易品种作出较大调整；

（三）以联网等方式为非本所上市的品种提供交易服务；

（四）涉及证券交易方式的重大创新或者对现有证券交易方式作出较大调整；

（五）涉及港澳台及境外机构的重大事项；

（六）中国证监会认为需要批准的其他业务规则。

对于非会员理事的反对或者弃权表决意见，证券交易所应当在向中国证监会报送的请示或者报告中作出说明。

第十一条 证券交易所制定的业务规则对证券交易业务活动的各参与主体具有约束力。对违反业务规则的行为，证券交易所给予纪律处分或者采取其他自律管理措施。

第十二条 证券交易所应当按照章程、协议以及业务规则的规定，对违法违规行为采取自律监管措施或者纪律处分，履行自律管理职责。

第十三条 证券交易所应当在业务规则中明确自律监管措施或者纪律处分的具体类型、适用情形和适用程序。

证券交易所采取纪律处分的，应当依据纪律处分委员会的审核意见作出。纪律处分决定作出前，当事人按照业务规则的规定申请听证的，证券交易所应当组织听证。

第十四条 市场参与主体对证券交易所作出的相关自律监管措施或

者纪律处分不服的，可以按照证券交易所业务规则的规定申请复核。

证券交易所应当设立复核委员会，依据其审核意见作出复核决定。

第十五条 证券交易所应当建立风险管理和风险监测机制，依法监测、监控、预警并防范市场风险，维护证券市场安全稳定运行。

证券交易所应当以风险基金、一般风险准备等形式储备充足的风险准备资源，用于垫付或者弥补因技术故障、操作失误、不可抗力及其他风险事件造成的损失。

第十六条 证券交易所应当同其他交易场所、登记结算机构、行业协会等证券期货业组织建立资源共享、相互配合的长效合作机制，联合依法监察证券市场违法违规行为。

第三章 证券交易所的组织

第十七条 实行会员制的证券交易所设会员大会、理事会、总经理和监事会。

实行有限责任公司制的证券交易所设股东会、董事会、总经理和监事会。证券交易所为一人有限责任公司的，不设股东会，由股东行使股东会的职权。

第十八条 会员大会为会员制证券交易所的最高权力机构。会员大会行使下列职权：

（一）制定和修改证券交易所章程；

（二）选举和罢免会员理事、会员监事；

（三）审议和通过理事会、监事会和总经理的工作报告；

（四）审议和通过证券交易所的财务预算、决算报告；

（五）法律、行政法规、部门规章和证券交易所章程规定的其他重大事项。

股东会为公司制证券交易所的最高权力机构。股东会行使下列职权：

（一）修改证券交易所章程；

（二）选举和更换非由职工代表担任的董事、监事；

（三）审议和通过董事会、监事会的工作报告；

（四）审议和通过证券交易所的财务预算、决算报告；

（五）法律、行政法规、部门规章和证券交易所章程规定的其他职权。

第十九条 会员制证券交易所章程应当包括下列事项：

（一）设立目的；

（二）名称；

（三）主要办公及交易场所和设施所在地；

（四）职能范围；

（五）会员的资格和加入、退出程序；

（六）会员的权利和义务；

（七）对会员的纪律处分；

（八）组织机构及其职权；

（九）理事、监事、高级管理人员的产生、任免及其职责；

（十）资本和财务事项；

（十一）解散的条件和程序；

（十二）其他需要在章程中规定的事项。

公司制证券交易所章程应当包括下列事项：

（一）前款第（一）项至第（四）项、第（八）项、第（十）项和第（十一）项规定的事项；

（二）董事、监事、高级管理人员的产生、任免及其职责；

（三）其他需要在章程中规定的事项。

会员制证券交易所章程的制定和修改经会员大会通过后，报中国证监会批准。公司制证券交易所的章程由股东共同制定，并报中国证监会批准；章程的修改由股东会通过后，报中国证监会批准。

第二十条 会员大会每年召开一次，由理事会召集，理事长主持。理事长因故不能履行职责时，由理事长指定的副理事长或者其他理事主持。有下列情形之一的，应当召开临时会员大会：

（一）理事人数不足本办法规定的最低人数；

（二）三分之一以上会员提议；

（三）理事会或者监事会认为必要。

股东会会议由董事会召集。股东会会议的召开应当符合证券交易所章程的规定。

第二十一条 会员大会应当有三分之二以上的会员出席，其决议须经出席会议的会员过半数表决通过。

股东会会议的议事规则应当符合证券交易所章程的规定。

会员大会或者股东会会议结束后十个工作日内，证券交易所应当将大会全部文件及有关情况向中国证监会报告。

第二十二条 理事会是会员制证券交易所的决策机构，行使下列职权：

（一）召集会员大会，并向会员大会报告工作；

（二）执行会员大会的决议；

（三）审定总经理提出的工作计划；

（四）审定总经理提出的年度财务预算、决算方案；

（五）审定对会员的接纳和退出；

（六）审定取消会员资格的纪律处分；

（七）审定证券交易所业务规则；

（八）审定证券交易所上市新的证券交易品种或者对现有上市证券交易品种作出较大调整；

（九）审定证券交易所收费项目、收费标准及收费管理办法；

（十）审定证券交易所重大财务管理事项；

（十一）审定证券交易所重大风险管理和处置事项，管理证券交易所风险基金；

（十二）审定重大投资者教育和保护工作事项；

（十三）决定高级管理人员的聘任、解聘及薪酬事项，但中国证监会任免的除外；

（十四）会员大会授予和证券交易所章程规定的其他职权。

董事会是公司制证券交易所的决策机构，行使下列职权：

（一）召集股东会会议，并向股东会报告工作；

（二）执行股东会的决议；

（三）制订年度财务预算、决算方案；

（四）前款第（三）项、第（五）项至第（十三）项规定的职权；

（五）股东会授予和证券交易所章程规定的其他职权。

第二十三条 证券交易所理事会由七至十三人组成，其中非会员理事人数不少于理事会成员总数的三分之一，不超过理事会成员总数的二分之一。

理事每届任期三年。会员理事由会员大会选举产生，非会员理事由中国证监会委派。

董事会由三至十三人组成。董事每届任期不得超过三年。

第二十四条 理事会会议至少每季度召开一次。会议须有三分之二以上理事出席，其决议应当经出席会议的三分之二以上理事表决同意方为有效。理事会决议应当在会议结束后两个工作日内向中国证监会报告。

董事会会议的召开和议事规则应当符合证券交易所章程的规定。董事会决议应当在会议结束后两个工作日内向中国证监会报告。

第二十五条 理事会设理事长一人，可以设副理事长一至二人。总经理应当是理事会成员。

董事会设董事长一人，可以设副董事长一至二人。总经理应当是董事会成员。董事长、副董事长的任免，由中国证监会提名，董事会通过。

理事长、董事长是证券交易所的法定代表人。

第二十六条 理事长负责召集和主持理事会会议。理事长因故临时不能履行职责时，由副理事长或者其他理事代其履行职责。

董事长负责召集和主持董事会会议。董事长因故临时不能履行职责时，由副董事长代为履行职责；副董事长不能履行职责时，由半数以上董事共同推举一名董事召集和主持。理事长、董事长不得兼任证券交易所总经理。

第二十七条 证券交易所的总经理、副总经理、首席专业技术管理人员每届任期三年。总经理由中国证监会任免。副总经理按照中国证监会相关规定任免或者聘任。

总经理因故临时不能履行职责时，由总经理指定的副总经理代其履行职责。

第二十八条 会员制证券交易所的总经理行使下列职权：

（一）执行会员大会和理事会决议，并向其报告工作；

（二）主持证券交易所的日常工作；

（三）拟订并组织实施证券交易所工作计划；

（四）拟订证券交易所年度财务预算、决算方案；

（五）审定业务细则及其他制度性规定；

（六）审定除取消会员资格以外的其他纪律处分；

（七）审定除应当由理事会审定外的其他财务管理事项；

（八）理事会授予和证券交易所章程规定的其他职权。

公司制证券交易所的总经理行使下列职权：

（一）执行董事会决议，并向其报告工作；

（二）前款第（二）项至第（六）项规定的职权；

（三）审定除应当由董事会审定外的其他财务管理事项；

（四）董事会授予和证券交易所章程规定的其他职权。

第二十九条 监事会是证券交易所的监督机构，行使下列职权：

（一）检查证券交易所财务；

（二）检查证券交易所风险基金的使用和管理；

（三）监督证券交易所理事或者董事、高级管理人员执行职务行为；

（四）监督证券交易所遵守法律、行政法规、部门规章和证券交易所章程、协议、业务规则以及风险预防与控制的情况；

（五）当理事或者董事、高级管理人员的行为损害证券交易所利益时，要求理事或者董事、高级管理人员予以纠正；

（六）提议召开临时会员大会或者股东会会议；

（七）提议会员制证券交易所召开临时理事会；

（八）向会员大会或者股东会会议提出提案；

（九）会员大会或者股东会授予和证券交易所章程规定的其他职权。

第三十条 证券交易所监事会人员不得少于五人，其中职工监事不得少于两名，专职监事不得少于一名。

监事每届任期三年。职工监事由职工大会、职工代表大会或者其他形式民主选举产生，专职监事由中国证监会委派。证券交易所理事或者董事、高级管理人员不得兼任监事。

会员制证券交易所的监事会，会员监事不得少于两名，由会员大会选举产生。

第三十一条 监事会设监事长一人，由中国证监会提名，监事会通过。

监事长负责召集和主持监事会会议。会员制证券交易所监事长因故不能履行职责时，由其指定的专职监事或者其他监事代为履行职务。公司制证券交易所监事长因故不能履行职责时，由半数以上监事共同推举一名监事代为履行职务。

第三十二条 会员制证券交易所的监事会至少每六个月召开一次会议。监事长、三分之一以上监事可以提议召开临时监事会会议。监事会决议应当经半数以上监事通过。

公司制证券交易所监事会会议的召开和议事规则应当符合《公司法》及证券交易所章程的规定。

监事会决议应当在会议结束后两个工作日内向中国证监会报告。

第三十三条 理事会、董事会、监事会根据需要设立专门委员会。各专门委员会的职责、任期和人员组成等事项，由证券交易所章程具体规定。

各专门委员会的经费应当纳入证券交易所的预算。

第三十四条 证券交易所的从业人员应当正直诚实、品行良好、具备履行职责所必需的专业知识与能力。因违法行为或者违纪行为被开除的证券交易场所、证券公司、证券登记结算机构、证券服务机构的从业人员和被开除的国家机关工作人员，不得招聘为证券交易所的从业人员。

有《公司法》第一百四十六条规定的情形或者下列情形之一的，不得担任证券交易所理事、董事、监事、高级管理人员：

（一）犯有贪污、贿赂、侵占财产、挪用财产罪或者破坏社会经济秩序罪，或者因犯罪被剥夺政治权利；

（二）因违法行为或者违纪行为被解除职务的证券交易场所、证券登记结算机构的负责人，自被解除职务之日起未逾五年；

（三）因违法行为或者违纪行为被解除职务的证券公司董事、监事、高级管理人员，自被解除职务之日起未逾五年；

（四）因违法行为或者违纪行为被吊销执业证书或者被取消资格的律师、注册会计师或者其他证券服务机构的专业人员，自被吊销执业证书或者被取消资格之日起未逾五年；

（五）担任因违法行为被吊销营业执照的公司、企业的法定代表人并对该公司、企业被吊销营业执照负有个人责任的，自被吊销营业执照之日起未逾五年；

（六）担任因经营管理不善而破产的公司、企业的董事、厂长或者经理并对该公司、企业的破产负有个人责任的，自破产之日起未逾五年；

（七）法律、行政法规、部门规章规定的其他情形。

第三十五条 证券交易所理事、董事、监事、高级管理人员的产生、聘任有不正当情况，或者前述人员在任期内有违反法律、行政法规、部门规章和证券交易所章程、业务规则的行为，或者由于其他原因，不适宜继续担任其所担任的职务时，中国证监会有权解除或者提议证券交易所解除有关人员的职务，并按照规定任命新的人选。

第四章　证券交易所对证券交易活动的监管

第三十六条 证券交易所应当制定具体的交易规则。其内容包括：

（一）证券交易的基本原则；

（二）证券交易的场所、品种和时间；

（三）证券交易方式、交易流程、风险控制和规范事项；

（四）证券交易监督；

（五）清算交收事项；

（六）交易纠纷的解决；

（七）暂停、恢复与取消交易；

（八）交易异常情况的认定和处理；

（九）投资者准入和适当性管理的基本要求；

（十）对违反交易规则行为的处理规定；

（十一）证券交易信息的提供和管理；

（十二）指数的编制方法和公布方式；

（十三）其他需要在交易规则中规定的事项。

第三十七条 参与证券交易所集中交易的，必须是证券交易所的会员，非会员不得直接参与股票的集中交易。会员应当依据证券交易所相关业务规则，对客户证券交易行为进行管理。

第三十八条 证券交易所应当实时公布即时行情，并按日制作证券市场行情表，记载并公布下列事项：

（一）上市证券的名称；

（二）开盘价、最高价、最低价、收盘价；

（三）与前一交易日收盘价比较后的涨跌情况；

（四）成交量、成交金额的分计及合计；

（五）证券交易所市场基准指数及其涨跌情况；

（六）中国证监会要求公布或者证券交易所认为需要公布的其他事项。

证券交易所即时行情的权益由证券交易所依法享有。证券交易所对市场交易形成的基础信息和加工产生的信息产品享有专属权利。未经证券交易所同意，任何单位和个人不得发布证券交易即时行情，不得以商业目的使用。经许可使用交易信息的机构和个人，未经证券交易所同意，不得将该信息提供给其他机构和个人使用。

第三十九条 证券交易所应当就其市场内的成交情况编制日报表、周报表、月报表和年报表，并及时向市场公布。

证券交易所可以根据监管需要，对其市场内特定证券的成交情况进行分类统计，并向市场公布。

第四十条 证券交易所应当保证投资者有平等机会获取证券市场的交易行情和其他公开披露的信息，并有平等的交易机会。

第四十一条 因不可抗力、意外事件、重大技术故障、重大人为差错等突发性事件而影响证券交易正常进行时，为维护证券交易正常秩序和市场公平，证券交易所可以按照业务规则采取技术性停牌、临时停市等处置措施，并应当及时向中国证监会报告。

因前款规定的突发性事件导致证券交易结果出现重大异常，按交易结果进行交收将对证券交易正常秩序和市场公平造成重大影响的，证券交易所按照业务规则可以采取取消交易、通知证券登记结算机构暂缓交收等措施，并应当及时向中国证监会报告并公告。

第四十二条 证券交易所对证券交易进行实时监控，及时发现和处理违反业务规则的异常交易行为。

证券交易所应当对可能误导投资者投资决策、可能对证券交易价格或证券交易量产生不当影响等异常交易行为进行重点监控。

第四十三条 证券交易所应当按照维护市场交易秩序，保障市场稳定运行，保证投资者公平交易机会，防范和化解市场风险的原则，制定异常交易行为认定和处理的业务规则，并报中国证监会批准。

第四十四条 对于严重影响证券交易秩序或者交易公平的异常交易行为，证券交易所可以按照业务规则实施限制投资者交易等措施，并向中国证监会报告。

证券交易所发现异常交易行为涉嫌违反法律、行政法规、部门规章的，应当及时向中国证监会报告。

第四十五条 证券交易所应当加强对证券交易的风险监测。出现重大异常波动的，证券交易所可以按照业务规则采取限制交易、强制停牌等处置措施，并向中国证监会报告；严重影响证券市场稳定的，证券交易所可以按照业务规则采取临时停市等处置措施并公告。

第四十六条 证券交易所应当妥善保存证券交易中产生的交易记录，并制定相应的保密管理措施。交易记录等重要文件的保存期不少于二十年。

证券交易所应当要求并督促会员妥善保存与证券交易有关的委托资料、交易记录、清算文件等，并建立相应的查询和保密制度。

第四十七条 证券交易所应当建立符合证券市场监管和实时监控要求的技术系统，并设立负责证券市场监管工作的专门机构。

证券交易所应当保障交易系统、通信系统及相关信息技术系统的安全、稳定和持续运行。

第四十八条 通过计算机程序自动生成或者下达交易指令进行程序化交易的，应当符合中国证监会的规定，并向证券交易所报告，不得影响证券交易所系统安全或者正常交易秩序。证券交易所应当制定业务规则，对程序化交易进行监管。

第五章 证券交易所对会员的监管

第四十九条 证券交易所应当制定会员管理规则。其内容包括：

（一）会员资格的取得和管理；

（二）席位（如有）与交易单元管理；

（三）与证券交易业务有关的会员合规管理及风险控制要求；

（四）会员客户交易行为管理、适当性管理及投资者教育要求；

（五）会员业务报告制度；

（六）对会员的日常管理和监督检查；

（七）对会员采取的收取惩罚性违约金、取消会员资格等自律监管措施和纪律处分；

（八）其他需要在会员管理规则中规定的事项。

第五十条 证券交易所接纳的会员应当是经批准设立并具有法人地位的境内证券经营机构。

境外证券经营机构设立的驻华代表处，经申请可以成为证券交易所的特别会员。

证券交易所的会员种类，会员资格及权利、义务由证券交易所章程和业务规则规定。

第五十一条 证券交易所决定接纳或者开除会员应当在决定后的五个工作日内向中国证监会报告。

第五十二条 证券交易所应当限定席位（如有）的数量。

会员可以通过购买或者受让的方式取得席位。经证券交易所同意，席位可以转让，但不得用于出租和质押。

第五十三条 证券交易所应当对交易单元实施严格管理，设定、调整和限制会员参与证券交易的品种及方式。

会员参与证券交易的，应当向证券交易所申请设立交易单元。经证券交易所同意，会员将交易单元提供给他人使用的，会员应当对其进行管理。会员不得允许他人以其名义直接参与证券的集中交易。具体管理办法由证券交易所规定。

第五十四条 证券交易所应当制定技术管理规范，明确会员交易系统接入证券交易所和运行管理等技术要求，督促会员按照技术要求规范运作，保障交易及相关系统的安全稳定。

证券交易所为了防范系统性风险，可以要求会员建立和实施相应的风险控制系统和监测模型。

第五十五条 证券交易所应当按照章程、业务规则的规定，对会员遵守证券交易所章程和业务规则的情况进行检查，并将检查结果报告中国证监会。

证券交易所可以根据章程、业务规则要求会员提供与证券交易活动有关的业务报表、账册、交易记录和其他文件资料。

第五十六条 证券交易所应当建立会员客户交易行为管理制度，要求会员了解客户并在协议中约定对委托交易指令的核查和对异常交易指令的拒绝等内容，指导和督促会员完善客户交易行为监控系统，并定期进行考核评价。

会员管理的客户出现严重异常交易行为或者在一定时期内多次出现异常交易行为的，证券交易所应当对会员客户交易行为管理情况进行现场或者非现场检查，并将检查结果报告中国证监会。

会员未按规定履行客户管理职责的，证券交易所可以采取自律监管措施或者纪律处分。

第五十七条 证券交易所应当按照章程、业务规则对会员通过证券自营及资产管理等业务进行的证券交易实施监管。

证券交易所应当按照章程、业务规则要求会员报备其通过自营及资产管理账户开展产品业务创新的具体情况以及账户实际控制人的有关文件资料。

第五十八条 证券交易所应当督促会员建立并执行客户适当性管理制度，要求会员向客户推荐产品或者服务时充分揭示风险，并不得向客户推荐与其风险承受能力不适应的产品或者服务。

第五十九条 会员出现违法违规行为的，证券交易所可以按照章程、业务规则的规定采取暂停受理或者办理相关业务、限制交易权限、收取惩罚性违约金、取消会员资格等自律监管措施或者纪律处分。

第六十条 证券交易所会员应当接受证券交易所的监管，并主动报告有关问题。

第六章 证券交易所对证券上市交易公司的监管

第六十一条 证券交易所应当制定证券上市规则。其内容包括：

（一）证券上市的条件、程序和披露要求；

（二）信息披露的主体、内容及具体要求；

（三）证券停牌、复牌的标准和程序；

（四）终止上市、重新上市的条件和程序；

（五）对违反上市规则行为的处理规定；

（六）其他需要在上市规则中规定的事项。

第六十二条 证券交易所应当与申请证券上市交易的公司订立上市

协议，确定相互间的权利义务关系。上市协议的内容与格式应当符合法律、行政法规、部门规章的规定。

上市协议应当包括下列内容：

（一）上市证券的品种、名称、代码、数量和上市时间；

（二）上市费用的收取；

（三）证券交易所对证券上市交易公司及相关主体进行自律管理的主要手段和方式，包括现场和非现场检查等内容；

（四）违反上市协议的处理，包括惩罚性违约金等内容；

（五）上市协议的终止情形；

（六）争议解决方式；

（七）证券交易所认为需要在上市协议中明确的其他内容。

第六十三条 证券交易所应当依法建立上市保荐制度。

证券交易所应当监督保荐人及相关人员的业务行为，督促其切实履行法律、行政法规、部门规章以及业务规则中规定的相关职责。

第六十四条 证券交易所按照章程、协议以及上市规则决定证券终止上市和重新上市。

证券交易所按照业务规则对出现终止上市情形的证券实施退市，督促证券上市交易公司充分揭示终止上市风险，并应当及时公告，报中国证监会备案。

第六十五条 证券交易所应当按照章程、协议以及业务规则，督促证券上市交易公司及相关信息披露义务人依法披露上市公告书、定期报告、临时报告等信息披露文件。

证券交易所对信息披露文件进行审核，可以要求证券上市交易公司及相关信息披露义务人、上市保荐人、证券服务机构等作出补充说明并予以公布，发现问题应当按照有关规定及时处理，情节严重的，报告中国证监会。

第六十六条 证券交易所应当依据业务规则和证券上市交易公司的

申请，决定上市交易证券的停牌或者复牌。证券上市交易的公司不得滥用停牌或复牌损害投资者合法权益。

证券交易所为维护市场秩序可以根据业务规则拒绝证券上市交易公司的停复牌申请，或者决定证券强制停复牌。

中国证监会为维护市场秩序可以要求证券交易所对证券实施停复牌。

第六十七条 证券交易所应当按照章程、协议以及业务规则，对上市公司控股股东、持股百分之五以上股东、其他相关股东以及董事、监事、高级管理人员等持有本公司股票的变动及信息披露情况进行监管。

第六十八条 发行人、证券上市交易公司及相关信息披露义务人等出现违法违规行为的，证券交易所可以按照章程、协议以及业务规则的规定，采取通报批评、公开谴责、收取惩罚性违约金、向相关主管部门出具监管建议函等自律监管措施或者纪律处分。

第六十九条 证券交易所应当比照本章的有关规定，对证券在本证券交易所发行或者交易的其他主体进行监管。

第七章　管理与监督

第七十条 证券交易所不得以任何方式转让其依照本办法取得的设立及业务许可。

第七十一条 证券交易所的理事、董事、监事、高级管理人员对其任职机构负有诚实信用的义务。

证券交易所的总经理离任时，应当按照有关规定接受离任审计。

第七十二条 证券交易所的总经理、副总经理未经批准，不得在任何营利性组织、团体和机构以及公益性社会团体、基金会、高等院校和科研院所中兼职。会员制证券交易所的非会员理事和非会员监事、公司制证券交易所的董事和监事以及其他工作人员不得以任何形式在证券交易所会员公司兼职。

第七十三条 证券交易所的理事、董事、监事、高级管理人员及其他工作人员不得以任何方式泄露或者利用内幕信息，不得以任何方式违规从证券交易所的会员、证券上市交易公司获取利益。

第七十四条 证券交易所的理事、董事、监事、高级管理人员及其他工作人员在履行职责时，遇到与本人或者其亲属等有利害关系情形的，应当回避。具体回避事项由其章程、业务规则规定。

第七十五条 证券交易所应当建立健全财务管理制度，收取的各种资金和费用应当严格按照规定用途使用，不得挪作他用。

证券交易所的各项收益安排应当以保证交易场所和设施安全运行为前提，合理设置利润留成项目，做好长期资金安排。

会员制证券交易所的收支结余不得分配给会员。

第七十六条 证券交易所应当履行下列报告义务：

（一）证券交易所经符合《证券法》规定的会计师事务所审计的年度财务报告，该报告应于每一财政年度终了后三个月内向中国证监会提交；

（二）关于业务情况的季度和年度工作报告，应当分别于每一季度结束后十五日内和每一年度结束后三十日内向中国证监会报告；

（三）法律、行政法规、部门规章及本办法其他条款中规定的报告事项；

（四）中国证监会要求报告的其他事项。

第七十七条 遇有重大事项，证券交易所应当随时向中国证监会报告。

前款所称重大事项包括：

（一）发现证券交易所会员、证券上市交易公司、投资者和证券交易所工作人员存在或者可能存在严重违反法律、行政法规、部门规章的行为；

（二）发现证券市场中存在产生严重违反法律、行政法规、部门规章行为的潜在风险；

（三）证券市场中出现法律、行政法规、部门规章未作明确规定，但会对证券市场产生重大影响的事项；

（四）执行法律、行政法规、部门规章过程中，需由证券交易所作出重大决策的事项；

（五）证券交易所认为需要报告的其他事项；

（六）中国证监会规定的其他事项。

第七十八条 遇有以下事项之一的，证券交易所应当及时向中国证监会报告，同时抄报交易所所在地人民政府，并采取适当方式告知交易所会员和投资者：

（一）发生影响证券交易所安全运转的情况；

（二）因不可抗力、意外事件、重大技术故障、重大人为差错等突发性事件而影响证券交易正常进行时，证券交易所为维护证券交易正常秩序和市场公平采取技术性停牌、临时停市、取消交易或者通知证券登记结算机构暂缓交收等处理措施；

（三）因重大异常波动，证券交易所为维护市场稳定，采取限制交易、强制停牌、临时停市等处置措施。

第七十九条 中国证监会有权要求证券交易所提供证券市场信息、业务文件以及其他有关的数据、资料。

第八十条 中国证监会有权要求证券交易所对其章程和业务规则进行修改。

第八十一条 中国证监会有权对证券交易所业务规则制定与执行情况、自律管理职责的履行情况、信息技术系统建设维护情况以及财务和风险管理等制度的建立及执行情况进行评估和检查。

中国证监会开展前款所述评估和检查，可以采取要求证券交易所进行自查、要求证券交易所聘请中国证监会认可的专业机构进行核查、中国证监会组织现场核查等方式进行。

第八十二条 中国证监会依法查处证券市场的违法违规行为时，证券交易所应当予以配合。

第八十三条 证券交易所涉及诉讼或者证券交易所理事、董事、监事、高级管理人员因履行职责涉及诉讼或者依照法律、行政法规、部门规章应当受到解除职务的处分时，证券交易所应当及时向中国证监会报告。

第八章 法律责任

第八十四条 证券交易所违反本办法第八条的规定，从事未经中国证监会批准的其他业务的，由中国证监会责令限期改正；构成犯罪的，由司法机关依法追究刑事责任。

第八十五条 证券交易所违反本办法第十条的规定，上市新的证券交易品种或者对现有上市证券交易品种作出较大调整未制定修改业务规则或者未履行相关程序的，由中国证监会责令停止该交易品种的交易，并对有关负责人采取处理措施。

第八十六条 证券交易所违反本办法第十条的规定，制定或者修改业务规则应当报中国证监会批准而未履行相关程序的，中国证监会有权要求证券交易所进行修改、暂停适用或者予以废止，并对有关负责人采取处理措施。

第八十七条 证券交易所违反规定，允许非会员直接参与股票集中交易的，中国证监会依据《证券法》作出行政处罚。

第八十八条 证券交易所违反本办法规定，在监管工作中不履行职责，或者不履行本办法规定的有关报告义务，中国证监会可以采取监管谈话、出具警示函、通报批评、责令限期改正等监管措施。

第八十九条 证券交易所存在下列情况时，由中国证监会对有关高级管理人员视情节轻重分别给予警告、记过、记大过、撤职等行政处分，并责令证券交易所对有关的业务部门负责人给予纪律处分；造成严重后果的，由中国证监会按本办法第三十五条的规定处理；构成犯罪的，由司法机关依法追究有关责任人员的刑事责任：

（一）对国家有关法律、法规、规章、政策和中国证监会颁布的制度、办法、规定不传达、不执行；

（二）对工作不负责任，管理混乱，致使有关业务制度和操作规程不健全、不落实；

（三）对中国证监会的监督检查工作不接受、不配合，对工作中发现的重大隐患、漏洞不重视、不报告、不及时解决；

（四）对在证券交易所内发生的违规行为未能及时采取有效措施予以制止或者查处不力。

第九十条　证券交易所的任何工作人员有责任拒绝执行任何人员向其下达的违反法律、行政法规、部门规章和证券交易所有关规定的工作任务，并有责任向其更高一级领导和中国证监会报告具体情况。没有拒绝执行上述工作任务，或者虽拒绝执行但没有报告的，应当承担相应责任。

第九十一条　证券交易所会员、证券上市交易公司违反法律、行政法规、部门规章和证券交易所章程、业务规则的规定，并且证券交易所没有履行规定的监管责任的，中国证监会有权按照本办法的有关规定，追究证券交易所和证券交易所有关理事、董事、监事、高级管理人员和直接责任人的责任。

第九十二条　证券交易所应当在其职责范围内，及时向中国证监会报告其会员、证券上市交易公司及其他人员违反法律、行政法规、部门规章的情况；按照证券交易所章程、业务规则等证券交易所可以采取自律监管措施和纪律处分的，证券交易所有权按照有关规定予以处理，并报中国证监会备案；法律、行政法规、部门规章规定由中国证监会处罚的，证券交易所可以向中国证监会提出处罚建议。

中国证监会可以要求证券交易所按照业务规则对其会员、证券上市交易公司等采取自律监管措施或者纪律处分。

第九十三条 证券交易所、证券交易所会员、证券上市交易公司违反本办法规定，直接责任人以及与直接责任人有直接利益关系者因此而形成非法获利或者避损的，由中国证监会依法予以行政处罚。

第九章 附 则

第九十四条 本办法由中国证监会负责解释。

第九十五条 本办法自公布之日起施行。2017年11月17日中国证监会公布的《证券交易所管理办法》同时废止。

《证券交易所管理办法》修订说明

中国证监会相关部门

为贯彻落实党中央、国务院关于将新三板精选层变更设立为北京证券交易所（以下简称北交所）的决策部署，建立健全公司制证券交易所的监管安排，中国证监会对《证券交易所管理办法》（以下简称《管理办法》）进行了修订。现就相关修订情况说明如下。

一、修订背景

现行《管理办法》对沪深证券交易所的规范运作和证券市场的健

康发展起到了重要作用，积累了在会员制框架下证券交易所管理的宝贵经验。本次将精选层变更设立为北交所，既是持续深化新三板改革的重要举措，也是建设公司制证券交易所的有益探索。由于现行《管理办法》主要是对会员制证券交易所作出监管安排，缺乏对公司制证券交易所的规定，因此有必要进行修订完善，为北交所的运行提供上位法依据，明确有关监管安排。

二、修订思路

一是明确公司制证券交易所的内部治理。借鉴会员制证券交易所管理经验，补充公司制证券交易所组织机构的规定，明确公司制证券交易所的股东会、董事会、总经理和监事会的治理要求。

二是遵循证券法、公司法的规定。北交所作为公司制证券交易所，除了要符合证券法的规定，在股东会、董事会、监事会的职权、组成、召开和议事规则等方面，还需符合公司法的规定。

三是初期平稳起步，逐步探索完善。公司制证券交易所在我国市场属于新事物，本次修订主要是适应北交所设立初期平稳起步的需要，针对有限责任公司制证券交易所作出规定，今后在实践中再予以评估完善。

三、修订的主要内容

《管理办法》共修订 32 条，主要涉及三个方面内容。一是规定公司制证券交易所的组织机构。明确股东会、董事会、总经理、监事会的产生及职能。二是明确和完善有关监管安排。规定证券交易所制定或者修改有关业务规则时，应当由证券交易所理事会或者董事会通过，并报中国证监会批准。同时，结合实践新增一项规定，即对于非会员理事的反对或者弃权表决意见，证券交易所应当在向中国证监会报送的请示或者报告中作出说明。规定公司制证券交易所的董事长、副董事长、监事长由中国证监会提名，分别由董事会、监事会通过。三是明确部分条款的适用安排。对于“证券交易所的收支结余不得分配给会员”以及“席位”等表述，明确其仅适用于会员制证券交易所。明确公司制证券交易所董事、监事及高级管理人员须遵守诚实信用义务、兼职和回避规定等。此外，还对相关条文内容作了适应性调整。

四、征求意见及采纳情况

2021年9月3日至10月3日，中国证监会就《管理办法》向社会公开征求意见。征求意见期间，共收到意见建议11份。总的看，各方对《管理办法》修订思路、主要修订内容基本认可，所提意见主要是操作层面的问题或文字表述意见。中国证监会对相关意见建议作了认真梳理研究，对其中合理的意见予以吸收采纳。还有一些意见涉及的事项不属于《管理办法》规制范围或者相关法律法规、规章已有规定，未予采纳。

（来源：中国证监会网站）

国家知识产权局　司法部

关于印发《关于加强知识产权纠纷调解工作的意见》的通知

2021年10月22日　　　　国知发保字〔2021〕27号

各省、自治区、直辖市和新疆生产建设兵团知识产权局、司法厅（局），四川省知识产权服务促进中心，广东省知识产权保护中心，

福建省知识产权发展保护中心：

为深入贯彻党中央、国务院关于强化知识产权保护的决策部署，落实《知识产权强国建设纲要（2021—2035年）》和《关于强化知识产权保护的意见》，加强知识产权保护体系建设，结合《优化营商环境条例》规定，国家知识产权局、司法部制定了《关于加强知识产权纠纷调解工作的意见》，现予印发。请结合实际认真贯彻落实，有关贯彻落实情况和工作中遇到的困难问题及时报国家知识产权局知识产权保护司和司法部人民参与和促进法治局。

特此通知。

关于加强知识产权纠纷调解工作的意见

为深入贯彻党中央、国务院关于全面加强知识产权保护工作的决策部署，完善知识产权纠纷多元化解机制，充分发挥调解在化解知识产权领域矛盾纠纷中的重要作用，优化营商环境，激发全社会创新活力，推动构建新发展格局，现就加强知识产权纠纷调解工作，提出如下意见。

一、总体要求

（一）指导思想。坚持以习近平新时代中国特色社会主义思想为指导，深入学习贯彻习近平法治思想，全面贯彻党的十九大和十九届二中、三中、四中、五中全会精神，贯彻落实党中央、国务院关于强化知识产权保护的决策部署，统筹推进知识产权纠纷调解工作，加强组织和队伍建设，建立健全有机衔接、协调联动、高效便捷的知识产权纠纷调解工作机制，依法、及时、有效化解知识产权纠纷，积极构建知识产权大保护工作格局。

（二）基本原则。坚持协调联动，社会共治。推动形成党委领导、政府主导、知识产权管理部门和司法行政机关统筹指导、社会各方力量广泛参与的知识产权纠纷调解工作格局。

坚持自愿平等，便民利民。充分尊重当事人意愿，综合运用法律、法规、政策以及公序良俗等进行调解，切实维护当事人的合法权益。

坚持专业特点，开拓创新。把握知识产权纠纷特点，遵循调解工作规律，加强调解组织和队伍建设，创新制度机制和方式方法，不断提升知识产权纠纷调解工作质效。

（三）主要目标。到2025年，知识产权纠纷调解工作基本覆盖知识产权纠纷易发多发的重点区域和行业领域，建立组织健全、制度完善、规范高效的知识产权纠纷调解工作体系，形成人民调解、行政调解、行业性专业性调解、司法调解优势互补、有机衔接、协调联动的大调解工作格局，调解在知识产权纠纷多元化解中的基础性作用充分显现，影响力和公信力进一步增强。

二、统筹推进知识产权纠纷调解工作

（四）推进知识产权纠纷人民调解工作。根据知识产权纠纷化解需要，因地制宜推进知识产权纠纷人民调解组织建设。对知识产权纠纷多发、确有必要设立、设立单位有保障能力的地区和行业，知识产权管理部门和司法行政机关要加强协调配合，积极推动设立知识产权纠纷人民调解组织。尚不具备设立条件的，可以纳入现有人民调解委员会工作范围。设立知识产权纠纷人民调解组织要由相关社会团体或者其他组织提出申请，符合法律和规范要求的，司法行政机关要及时纳入辖区内人民调解组织和人民调解员名册，切实加强工作指导。

（五）加强知识产权纠纷行政调解工作。知识产权管理部门要积极履行行政调解职能，按照《专利纠纷行政调解办案指南》等规定，严格依法依规开展行政调解。知识产权纠纷行政调解任务较重的地区，可以根据需要成立行政调解委员会，设立行政调解室、接待室等。各地知识产权纠纷行政调解组织设立情况和行政调解工作开展情况要定期报送司法行政机关。

（六）拓展知识产权纠纷行业性、专业性调解。发挥各类知识产权专业机构作用，积极创新知识产权纠纷调解组织形式和工作模式，推动知识产权纠纷调解工作向纵深发展。根据当事人需求，按照市场化方式，探索开展知识产权纠纷商事调解。充分发挥律师在预防和化解矛盾纠纷中的优势作用，推动设立律师调解工作室，为当事人提供知识产权纠纷调解服务并可适当收取费用。

（七）加强重点区域、领域知识产权纠纷调解工作。坚持从实际出发，以需求为导向，大力推动知识产权纠纷调解工作向工业园区、开发区、自贸区和产业集聚区等重点区域延伸。支持电商平台优化在线咨询、受理、调解等制度，在线化解矛盾纠纷。拓展展会知识产权纠纷调解工作，引导相关调解组织进驻展会，建立展会知识产权纠纷快速调解渠道。加强专业市场知识产权纠纷调解工作，引导当事人通过调解方式化解纠纷。

（八）加强知识产权纠纷调解员队伍建设。充分利用社会资源，注重选聘具有专利、商标、著作权等工作经验和知识背景的专业人士以及专家学者、律师等担任调解员，建立专兼结合、优势互补、结构合理的知识产权纠纷调解员队伍。加强知识产权纠纷专职调解员队伍建设，探索建立知识产权纠纷调解员持证上岗、等级评定等制度。知识产权管理部门、司法行政机关要将知识产权纠纷调解纳入业务培训规划，采取集中授课、经验交流、现场观摩、法庭旁听、案例评析等多种方式，切实提高调解员的法律素养、政策水平、专业知识和调解技能。

（九）建立完善知识产权纠纷调解工作制度。知识产权纠纷调解组织要建立完善纠纷排查、受理、调解、履行、回访、分析研判和重大疑难复杂矛盾纠纷集中讨论、专家咨询、情况报告等工作制度，建立完善岗位责任、学习、例会、培训、考评、奖惩等管理制度，规范统计报表、卷宗文书和档案管理，定期向知识产权管理部门、司法行政机关报送调解工作情况和典型案例。知识产权管理部门、司法行政机关要定期发布知识产权纠纷调解典型案例，通过典型案例指导开展调解工作，提升调解工作质量水平。

（十）建立健全知识产权纠纷调解衔接联动机制。采取联合调解、协助调解、委托移交调解等方式，建立知识产权纠纷人民调解、行政调解、行业性专业性调解、司法调解衔接联动工作机制。加强知识产权纠纷调解组织与行政执法部门、司法机关、仲裁机构等衔接联动，建立健全知识产权纠纷投诉与调解对接、诉调对接、仲调对接等工作机制。探索在知识产权保护中心、快速维权中心、维权援助中心等建立知识产权纠纷“一站式”调解平台，引导调解组织、远程司法确认室、知识产权仲裁院（中心）、公证知识产权服务中心等各类资源入驻调解平台，为当事人提供司法确认、仲裁、公证等保护渠道。加强知识产权纠纷“一站式”调解平台与当地综合性非诉讼纠纷化解中心、调解中心等平台的工作对接，及时协调解决重大疑难复杂知识产权纠纷。

三、加强知识产权纠纷调解工作组织领导

（十一）加强组织协调。知识产权管理部门、司法行政机关要将知识产权纠纷调解工作纳入重要议事日程，加强信息沟通、协调配合，及时研究解决工作中遇到的困难和问题。要积极探索创新，及时总结提炼经验做法，打造培育亮点典型，推进知识产权纠纷调解工作规范化、标准化建设。要主动协调有关部门，争取将知识产权纠纷调解工作纳入相关考核指标，通过开展联合督导检查等方式，推动各项工作落地落实。

（十二）加强工作保障。知识产权管理部门、司法行政机关要积极争取党委、政府及财政部门的重视支持，将知识产权纠纷调解工作相关经费纳入财政预算统筹考虑，推动把知识产权纠纷调解工作纳入政府购买服务指导性目录，加大政府购买服务力度。知识产权纠纷调解组织设

立单位要为知识产权纠纷调解组织提供场所、办公条件和必要的工作经费。鼓励社会各界通过社会捐赠、公益赞助、志愿参与等方式，对知识产权纠纷调解工作提供支持和帮助。

（十三）加强宣传引导。要充分运用传统媒体和网络、微信、微博等新媒体，大力宣传知识产权纠纷调解工作优势特点、经验成效，宣传工作中涌现出的先进典型和精品案例，不断提升知识产权纠纷调解工作的群众满意度和社会影响力，引导更多当事人通过调解方式解决知识产权纠纷，维护自身合法权益。知识产权管理部门、司法行政机关要将表现突出的知识产权纠纷调解组织和调解员纳入本系统本部门表彰奖励范围，为知识产权纠纷调解工作开展营造良好氛围。

解读——

《关于加强知识产权纠纷调解工作的意见》

国家知识产权局、司法部相关部门

2021年10月22日，国家知识产权局、司法部联合印发《关于加强知识产权纠纷调解工作的意见》（以下简称《意见》），现就《意见》要点解读如下。

一、《意见》制定的背景及意义

2020年11月30日，习近平总书记在主持中央政治局第二十五次集体学习时强调“要综合运用法律、行政、经济、技术、社会治理等多种手段，从审查授权、行政执法、司法保护、仲裁调解、行业自律、公民诚信等环节完善保护体系，加强协同配合，构建大保护工作格局”。

当前，知识产权领域纠纷日益增多，知识产权民事案件数量逐年增长，司法审判、知识产权行政机关面临案多人少困境，知识产权纠纷需要更多化解渠道。调解作为完善纠纷多元化解机制的重要内容，为促进维护社会和谐稳定发挥重要作用。国家知识产权局会同相关部门在推进知识产权纠纷调解工作方面积极探索，奠定了工作基础，并取得了一定成效。2021年1—6月，全国知识产权系统共培育知识产权纠纷调解组织332家，受理案件24384件。国家知识产权局与最高人民法院建立知识产权纠纷在线诉调对接机制，已推动27个省（区、市）共211家知识产权纠纷调解组织入驻人民法院调解平台，在线受理调解案件1.3万余件。为进一步深入贯彻习近平总书记重要讲话精神，认真落实党中央、国务院关于全面加强知识产权保护的决策部署，国家知识产权局、司法部立足职责要求，在充分调研和吸收有关部门意见的基础上，共同研究制定了《意见》。

二、《意见》的主要内容

《意见》包括三大部分共13条措施，在充分借鉴已有经验的基础上，进一步明确了主要目标以及如何统筹推进知识产权纠纷调解工作。

一是明确知识产权纠纷调解工作的主要目标。在充分考虑各地区实际需求、重点区域建设以及行业领域发展的前提下，到2025年，知识产权纠纷调解工作基本覆盖知识产权纠纷易发多发的重点区域和行业领域，建立组织健全、制度完善、规范高效的知识产权纠纷调解工作体系，形成人民调解、行政调解、行业性专业性调解、司法调解优势互补、有机衔接、协调联动的大调解工作格局。

二是统筹推进知识产权纠纷调解工作。根据知识产权纠纷化解需要，因地制宜推进知识产权纠纷人民调解组织建设。知识产权管理部门要积极履行行政调解职能，按照《专利纠纷行政调解办案指南》等规定，严格依法依规开展行政调解。发挥各类知识产权专业机构作用，积极创新知识产权纠纷调解组织形式和工作模式，推进知识产权纠纷行业性、专业性调解。坚持从实际出发、以需求为导向加强重点区域、领域知识产权纠纷调解工作。

三是强化知识产权纠纷调解工作体系建设。加强知识产权纠纷调解员队伍建设，建立专兼结合、优势互补、结构合理的知识产权纠纷调解员队伍。建立完善纠纷排查、受理、调解、履行、回访、分析研判和重大疑难复杂矛盾纠纷集中讨论、专家咨询、情况报告等工作制度，建立完善岗位责任、学习、例会、培训、考评、奖惩等管理制度。采取联合调解、协助调解、委托移交调解等方式，建立知识产权纠纷人民调解、行政调解、行业性专业性调解、司法调解衔接联动工作机制。

三、《意见》的推进实施

《意见》对加强知识产权纠纷调解工作组织领导提出具体要求。知识产权管理部门、司法行政机关要将知识产权纠纷调解工作纳入重要议事日程，加强信息沟通、协调配合，及时研究解决工作中遇到的困难和问题。要主动协调有关部门，争取将知识产权纠纷调解工作纳入相关考核指标，通过开展联合督导检查等方式，推动各项工作落地落实。

知识产权管理部门、司法行政机关要积极争取党委、政府及财政部门的重视支持，将知识产权纠纷调解工作相关经费纳入财政预算统筹考虑，推动把知识产权纠纷调解工作纳入政府购买服务指导性目录，加大政府购买服务力度。知识产权纠纷调解组织设立单位要为知识产权纠纷调解组织提供场所、办公条件和必要的工作经费。

知识产权管理部门、司法行政机关要充分运用传统媒体和网络、微信、微博等新媒体加大宣传力度。要将表现突出的知识产权纠纷调解组织和调解员纳入本系统本部门表彰奖励范围。

《意见》的印发有助于发挥调解在化解知识产权领域矛盾纠纷中的“分流阀”作用，进一步优化营商环境，激发全社会创新活力。下一步，国家知识产权局将与司法部共同推进《意见》的落实，统筹推进知识产权纠纷调解工作，积极构建知识产权大保护工作格局。

（来源：国家知识产权局网站）

保险公司非寿险业务准备金管理办法

（2021年5月20日中国银行保险监督管理委员会2021年第5次委务会议审议通过　2021年10月14日中国银行保险监督管理委员会令2021年第11号公布　自2021年12月1日起施行）

第一章　总　　则

第一条　为了加强对保险公司非寿险业务准备金的监督管理，促进保险公司稳健经营，夯实偿付能力计量基础，保护被保险人利益，根据《中华人民共和国保险法》（以下简称《保险法》）等法律、行政法规，制定本办法。

第二条　本办法所称非寿险业务，是指除人寿保险业务以外的保险业务，包括财产损失保险、责任保险、信用保险、保证保险、短期健康保险和意外伤害保险业务以及上述业务的再保险业务。

第三条　本办法所称保险公司，是指在中华人民共和国境内依法设立的经营上述非寿险业务的保险公司，包括财产保险公司、人身保险公司及再保险公司。

第四条 保险公司应建立并完善准备金管理的内控制度，明确职责分工和工作流程。保险公司评估各项准备金，应按照银保监会的规定，遵循非寿险精算的原理和方法，保持客观、谨慎，并充足、合理地提取和结转各项准备金。

第五条 银保监会及其派出机构依法对保险公司非寿险业务准备金进行监管。

第二章 准备金的种类及评估方法

第六条 保险公司非寿险业务准备金包括未到期责任准备金及未决赔款准备金。

第七条 未到期责任准备金是指在准备金评估日为尚未终止的保险责任而提取的准备金，包括未赚保费准备金及保费不足准备金。

第八条 未赚保费准备金是指以未满期部分保费收入为基础所计提的准备金，并应减除与获取保费收入相关联的保单获取成本的未到期部分。

第九条 对未赚保费准备金，应当采用以下方法确定：

（一）三百六十五分之一法；

（二）风险分布法；

（三）银保监会认可的其他方法。

第十条 保险公司应在未到期责任准备金评估过程中进行保费充足性测试，并根据测试结果提取保费不足准备金，作为未到期责任准备金的一部分。

第十一条 未决赔款准备金是指保险公司为保险事故已经发生但尚未最终结案的损失提取的准备金，包括已发生已报案未决赔款准备金、已发生未报案未决赔款准备金和理赔费用准备金。

第十二条 已发生已报案未决赔款准备金是指为保险事故已经发生

并已向保险公司提出索赔，保险公司尚未结案的损失而提取的准备金。

第十三条 对已发生已报案未决赔款准备金，应当采用以下方法确定：

（一）逐案估计法；

（二）案均赋值法；

（三）银保监会认可的其他方法。

第十四条 已发生未报案未决赔款准备金是为下列情况所提取的赔款准备金：

（一）保险事故已经发生但尚未向保险公司提出索赔的；

（二）已经提出索赔但保险公司尚未立案的；

（三）保险公司已立案但对事故损失估计不足，预计最终赔付将超过原估损值的；

（四）保险事故已经赔付但有可能再次提出索赔的。

第十五条 对已发生未报案未决赔款准备金，应当根据险种的风险性质、分布特征、经验数据等因素采用以下方法确定：

（一）链梯法；

（二）案均赔款法；

（三）准备金进展法；

（四）B－F法；

（五）赔付率法；

（六）银保监会认可的其他方法。

第十六条 理赔费用准备金是指为尚未结案的损失可能发生的费用而提取的准备金，包括为直接发生于具体赔案的专家费、律师费、损失检验费等提取的直接理赔费用准备金，以及为非直接发生于具体赔案的费用而提取的间接理赔费用准备金。

第十七条 对已发生已报案案件的直接理赔费用准备金，应采用第十三条中规定的方法确定；对已发生未报案案件的直接理赔费用准备金，应采用第十五条中规定的方法确定；对间接理赔费用准备金，应采用合理的比率分摊法提取。

第十八条 保险公司提取的各项非寿险业务准备金应包含风险边际并考虑货币时间价值。

第三章 内控管理

第十九条 保险公司的董事会、管理层、精算及相关职能部门、分支机构在准备金管理中应分级授权，权责分明，分工合作，相互制约。

第二十条 准备金评估方法、假设的调整对保险公司产生显著影响的，应经总精算师同意后，提交公司董事会决议，或由董事会正式授权公司经营管理层决策机构审议。

第二十一条 保险公司应加强准备金评估所需数据的质量管理，以保证所需数据真实、准确、完整、一致、有效。

第二十二条 保险公司应建立并完善准备金评估信息系统，以保证准备金的评估流程被完整地记录、保存。

第二十三条 保险公司应建立分支机构的准备金评估或分摊机制，不得违规调整分支机构的准备金。

第二十四条 保险公司总公司不直接经营业务的，不得在总公司本级留存准备金。

第二十五条 保险公司应建立准备金工作底稿制度。

第二十六条 保险公司应按照规定披露准备金信息。

第四章 监督管理

第二十七条 银保监会及其派出机构对保险公司准备金的监督管理，采取现场监管与非现场监管结合的方式。

第二十八条 保险公司总精算师负责准备金评估工作，公正、客观地履行精算职责，向银保监会或其派出机构提供精算意见，并应当向银保监会或其派出机构及时报告保险公司准备金的重大风险隐患。

第二十九条 保险公司应按规定向银保监会或其派出机构报送准备金评估报告、准备金回溯分析报告和银保监会或其派出机构要求的其他报告。银保监会或其派出机构依法对保险公司报送的上述报告进行抽查审核。

第三十条 银保监会或其派出机构可以根据审慎监管需要，调整所有公司或部分公司的准备金相关报告的报送内容、报送频率，要求保险公司聘请第三方对准备金评估报告进行独立审核。

第三十一条 保险公司应定期对准备金评估结果进行回溯分析，银保监会或其派出机构根据回溯分析结果对保险公司采取相应监管措施。

第三十二条 银保监会或其派出机构依法对保险公司准备金计提的违法违规行为进行查处。

第五章 法律责任

第三十三条 保险公司编制或者提供虚假的准备金评估报告、准备金回溯分析报告以及相关报表、文件、资料的，由银保监会或其派出机构依照《保险法》相关规定责令改正，并处十万元以上五十万元以下的罚款；情节严重的，可以限制其业务范围、责令停止接受新业务或者吊销业务许可证。对直接负责主管人员和其他直接责任人员，由银保监会或其派出机构依照《保险法》相关规定给予警告，并处一万元以上十万元以下的罚款；情节严重的，撤销任职资格。

第三十四条 保险公司未按照规定提取或者结转各项责任准备金，存在以下行为之一的，由银保监会或其派出机构依照《保险法》相关规定处五万元以上三十万元以下的罚款；情节严重的，可以限制其业务范围、责令停止接受新业务或者吊销业务许可证。对直接负责主管人员和其他直接责任人员，由银保监会或其派出机构依照《保险法》相关规定给予警告，并处一万元以上十万元以下的罚款；情节严重的，撤销任职资格：

（一）未按照本办法第九条、第十条的规定提取未到期责任准备金的；

（二）未按照本办法第十三条的规定提取已发生已报案未决赔款准备金的；

（三）未按照本办法第十五条的规定提取已发生未报案未决赔款准备金的；

（四）未按照本办法第十七条的规定提取理赔费用准备金的；

（五）未按照本办法第十八条的规定考虑风险边际及货币时间价值的；

（六）违反本办法第二十三条、第二十四条规定的。

第三十五条 保险公司有下列行为之一的，由银保监会或其派出机构依照《保险法》相关规定责令限期改正，逾期不改正的，处一万元以上十万元以下的罚款：

（一）未按照本办法第二十五条的规定保管准备金工作底稿的；

（二）未按照本办法第二十六条的规定披露准备金信息的；

（三）未按照本办法第二十九条的规定报送准备金评估报告、准备金回溯分析报告或未按照规定提供准备金有关信息、资料的。

第三十六条 保险公司违反本办法第十九条、第二十条、第二十一条、第二十二条规定的，由银保监会或其派出机构给予该保险公司警告，并处一万元以上三万元以下的罚款；对其直接负责的主管人员和其他直接责任人员给予警告，并处一万元以上三万元以下的罚款。

第六章　附　　则

第三十七条　银保监会制定并发布实施《保险公司非寿险业务准备金管理办法实施细则》。

第三十八条　中国精算师协会制定并发布非寿险业务准备金评估实务指南和行业参考标准。

第三十九条　政策性保险公司、相互制保险公司、自保公司等适用本办法，法律法规另有规定的除外。

第四十条　本办法由银保监会负责解释。

第四十一条　本办法自 2021 年 12 月 1 日起施行。原中国保险监督管理委员会发布的《保险公司非寿险业务准备金管理办法（试行）》（中国保险监督管理委员会令 2004 年第 13 号）同时废止。

第四十二条　原中国保险监督管理委员会发布的关于非寿险业务准备金的相关规定与本办法及实施细则不一致的，以本办法及实施细则为准，实施细则另行发布。

中国银保监会有关部门负责人就《保险公司非寿险业务准备金管理办法》答记者问

2021 年 10 月 14 日，中国银保监会发布新修订的《保险公司非寿险业务准备金管理办法》（以下简称《办法》）。银保监会有关部门负责人就《办法》修订相关问题回答了记者提问。

问：《办法》的修订背景是什么？

答：原保监会于2005年颁布《保险公司非寿险业务准备金管理办法（试行）》（以下简称《试行办法》），此后出台了一系列配套的规范性文件。由于制定《试行办法》的时间较早，财险行业关于准备金计提的内外部环境发生了较大改变，其中的一些规定已不能完全适应当前的相关要求和市场变化，需要通过系统性的修订来进行完善。

一是会计准则等监管要求的变化是修订《试行办法》的外部客观要求。2009年开始实施的《关于保险业做好〈企业会计准则解释第2号〉实施工作的通知》（以下简称《2号解释》）中关于非寿险业务未到期责任准备金、准备金的现金价值、准备金的风险边际等方面作出了新的要求。2016年开始实施的偿二代监管制度中关于非寿险准备金的口径与《2号解释》的规定一致。《试行办法》存在一些与以上两个制度不相适应的规定，因此需要进行相应修订。

二是修订《试行办法》是补齐准备金监管制度短板的内在需要。《试行办法》发布时，非寿险行业精算管理处于发展中的阶段，市场环境也比较简单，当时《试行办法》的发布主要是为了规范非寿险准备金的计提方法，而在内控管理、监督管理、法律责任等方面有所缺失。目前，非寿险行业精算管理已经相对成熟，非寿险准备金监管工作中出现的各种情况也愈加复杂，需要对非寿险准备金的监管制度及法律责任进行明确及细化。

问：《办法》修订的主要内容有哪些？

答：《办法》共分六章，分别为：总则、准备金的种类及评估方法、内控管理、监督管理、法律责任、附则，共42条。《办法》相比《试行办法》修订的主要内容有六方面：一是将非寿险准备金评估规则与会计准则、偿二代监管制度协调一致；二是总结提炼准备金监管的实践经验，对《试行办法》配套规范性文件中关于准备金监管的相关制度进行了梳理，集中体现在《办法》中；三是增加内控管理规定，督促保险公司完善准备金工作相关制度；四是增加监督管理规定；五是增加法律责任规定，依据保险法对准备金相关违法违规行为进行明确；六是删除《试行办法》中的准备金报告章节，作为细则另行发布。

问：《办法》的发布能起到何种作用？

答：《办法》的发布，将有利于进一步完善非寿险业务准备金的监管制度，增强非寿险准备金监管的科学性和有效性，提升保险公司准备金管理水平。一是《办法》使非寿险准备金监管制度与会计准则及偿付能力监管规定做到了协调统一，为保险公司的非寿险准备金评估和管理提供了更加完善、可循的制度依据。二是对非寿险准备金监管的各项规章和规范性文件进行了梳理。原保监会关于非寿险准备金监管曾出台了一系列规范性文件，内容涉及准备金基础数据管理、回溯分析、工作底稿、准备金报告等方面，但没有经过系统的梳理和完善。《办法》将上述内容进行了梳理归纳，形成一套非寿险准备金监管制度。三是补齐了非寿险准备金监管制度的短板。《试行办法》在内控管理、监督管理、法律责任等方面内容存在缺失，准备金监管实践中也出现分支机构准备金随意调节、准备金有利进展释放等问题，因此本次修订工作重点针对准备金的监管制度及法律责任进行了明确及细化。

（来源：中国银保监会网站）

地方司法业务文件与解读

北京知识产权法院

侵犯商业秘密民事案件诉讼举证参考（附典型案例）

（2021年10月29日）

为有效破解侵犯商业秘密民事案件举证难问题，引导当事人更好地完成举证责任，维护科技创新企业的核心竞争力，依法平等保护中外当事人的合法权益，优化法治化营商环境，根据《中华人民共和国反不正当竞争法》《最高人民法院关于审理不正当竞争民事案件应用法律若干问题的解释》《最高人民法院关于审理侵犯商业秘密民事案件适用法律若干问题的规定》《最高人民法院关于知识产权民事诉讼证据的若干规定》《最高人民法院关于审理侵害知识产权民事案件适用惩罚性赔偿的解释》，以及《北京市高级人民法院知识产权民事诉讼证据规则指引》等相关规定，结合侵犯商业秘密民事案件审理中的主要问题，特制定本举证参考。

第一部分　关于权利基础的举证参考

商业秘密通常是指不为公众所知悉、具有商业价值并经权利人采取相应保密措施的技术信息、经营信息等商业信息。

技术信息主要包括与技术有关的结构、原料、组分、配方、材料、样品、样式、植物新品种繁殖材料、工艺、方法或其步骤、算法、数据、计算机程序及其有关文档等信息。

经营信息主要包括与经营活动有关的创意、管理、销售、财务、计划、样本、招投标材料、客户信息、数据等信息。客户信息，包括客户的名称、地址、联系方式以及交易习惯、意向、内容等信息。

一、可以依法起诉的主体

1. 原告能够举证证明其为商业秘密的权利人或者利害关系人，可以依法提起侵犯商业秘密诉讼。

2. 商业秘密独占使用许可合同的被许可人可以单独提起侵犯商业秘密诉讼；

商业秘密排他使用许可合同的被许可人可以和权利人共同提起侵犯商业秘密诉讼，或者在权利人不起诉的情况下自行提起诉讼；

商业秘密普通使用许可合同的被许可人可以和权利人共同提起侵犯商业秘密诉讼，或者经权利人书面授权单独提起诉讼。

二、商业秘密的法定条件

3. 原告能够举证证明商业秘密在被诉侵权行为发生时不为所属领域的相关人员普遍知悉和容易获得的，可以主张该商业秘密不为公众所知悉。

4. 原告能够举证证明将为公众所知悉的信息进行整理、改进、加工后形成的新信息在被诉侵权行为发生时不为所属领域的相关人员普遍知悉和容易获得的，可以主张该新信息构成商业秘密。为证明该新信息非公众所知悉，原告可以将整理、改进、加工的过程和记录等作为证据提交。

5. 原告主张对商业秘密采取了相应保密措施，可以根据商业秘密及其载体的性质、商业秘密的商业价值、保密措施的可识别程度、保密措施与商业秘密的对应程度以及原告保密意愿等因素，举证证明其为防止商业秘密泄露，在被诉侵权行为发生以前采取了与商业秘密相适应的合理保密措施。

6. 原告主张采取了相应保密措施，可以举证证明存在以下事实：

（1）签订保密协议或者在合同中约定保密义务的；

（2）通过章程、培训、规章制度、书面告知等方式，对能够接触、获取商业秘密的员工、前员工、供应商、客户、来访者等提出保密要求的；

（3）对涉密的厂房、车间等生产经营场所限制来访者或者进行区分管理的；

（4）以标记、分类、隔离、加密、封存、限制能够接触或者获取的人员范围和权限等方式，对商业秘密及其载体进行区分和管理的；

（5）对能够接触、获取商业秘密的计算机设备、电子设备、网络设备、存储设备、软件等，采取禁止或者限制使用、访问、存储、复制等措施的；

（6）要求离职员工登记、返还、清除、销毁其接触或者获取的商业秘密及其载体，继续承担保密义务的；

（7）采取其他合理保密措施的。

7. 原告主张商业秘密具有商业价值的，可以根据商业秘密的研究开发成本、实施该项商业秘密的收益、可得利益、可保持竞争优势的时间等因素，举证证明商业秘密因不为公众所知悉而具有现实的或者潜在的商业价值。生产经营活动中形成的阶段性成果符合上述规定的，原告可以主张该阶段性成果具有商业价值。

三、法定条件的抗辩事由

8. 被告主张原告商业秘密不符合商业秘密法定条件的，可以举证证明存在以下事实：

（1）商业秘密在被诉侵权行为发生时已为公众所知悉；

（2）原告未采取相应保密措施；

（3）商业秘密不具有商业价值；

（4）商业秘密不符合法定条件的其他情形。

9. 被告主张原告商业秘密已为公众所知悉的，可以举证证明存在以下事实：

（1）原告商业秘密在所属领域属于一般常识或者行业惯例的；

（2）原告商业秘密仅涉及产品的尺寸、结构、材料、部件的简单组合等内容，所属领域的相关人员通过观察上市产品即可直接获得的；

（3）原告商业秘密已经在公开出版物或者其他媒体上公开披露的，包括文献资料、宣传材料、网页等；

（4）原告商业秘密已通过公开的报告会、展览等方式公开的；

（5）所属领域的相关人员从其他公开渠道可以获得原告商业秘密的。

10. 被告主张原告商业秘密未采取相应保密措施的，可以通过保密措施的可识别程度、保密措施与商业秘密价值相对应程度、所涉信息载体的特性、他人通过正当方式获得的难易程度等方面进行举证。

第二部分　关于侵权行为的举证参考

四、侵权行为的表现形式

11. 原告主张被告实施了侵犯商业秘密的行为，可以举证证明存在以下事实：

（1）以盗窃、贿赂、欺诈、胁迫、电子侵入或者其他不正当手段获取原告的商业秘密；

（2）披露、使用或者允许他人使用以前项手段获取的原告的商业秘密；

（3）违反保密义务或者违反原告有关保守商业秘密的要求，披露、使用或者允许他人使用其所掌握的商业秘密；

（4）教唆、引诱、帮助他人违反保密义务或者违反原告有关保守商业秘密的要求，获取、披露、使用或者允许他人使用原告的商业秘密。

12. 原告主张被告的行为属于以其他不正当手段获取权利人的商业秘密的，可举证证明被告获取商业秘密的方式违反法律规定或者商业道德。

13. 原告主张被告实施了侵犯商业秘密的具体行为，可以提供以下证据：

（1）被告生产的含有原告商业秘密的产品、产品手册、宣传材料、计算机软件、文档；

（2）被告与第三方订立的含有原告商业秘密的合同；

（3）被告所用被诉侵权信息与原告商业秘密相同或实质上相同的鉴定报告、评估意见、勘验结论；

（4）被告与披露、使用或允许他人使用商业秘密的主体存在合同关系或其他关系的材料；

（5）针对原告商业秘密的密钥、限制访问系统或物理保密装置等被破解、规避的记录；

（6）能反映原告商业秘密被窃取、披露、使用的证人证言；

（7）包含原告商业秘密的产品说明书、宣传介绍资料；

（8）被告明知或应知他人侵犯商业秘密仍提供帮助的相关材料；

（9）被告教唆、引诱、帮助他人侵犯商业秘密的录音录像、聊天记录、邮件；

（10）可以证明被告实施侵犯商业秘密行为的其他证据。

14. 原告主张被告违反保密义务的，可以举证证明根据法律规定或者合同约定等被告应承担保密义务。若未在合同中约定保密义务，可以举证证明根据诚信原则以及合同的性质、目的、缔约过程、交易习惯等，被告知道或者应当知道其获取的信息属于原告的商业秘密。

15. 原告主张被告为员工、前员工的，可以举证证明被告为其经营、管理人员以及具有劳动关系的其他人员。原告主张员工、前员工有渠道或者机会获取原告商业秘密的，可以举证证明存在以下事实：

（1）职务、职责及权限与涉案商业秘密相关；

（2）承担的本职工作或者单位分配的任务与涉案商业秘密相关；

（3）参与和商业秘密相关的生产经营活动；

（4）曾保管、使用、存储、复制、控制或者以其他方式接触、获取商业秘密及其载体；

（5）有渠道或者机会获取商业秘密的其他事实。

16. 原告主张被诉侵权信息与其商业秘密构成实质上相同，可以围绕被诉侵权信息与商业秘密的异同程度、所属领域的相关人员在被诉侵权行为发生时是否容易想到被诉侵权信息与商业秘密的区别、被诉侵权信息与商业秘密的用途、使用方式、目的、效果等是否具有实质性差异、公有领域中与商业秘密相关信息的情况等因素进行举证，具体可以提供以下证据：

（1）有资质的鉴定机关、评估机构出具的鉴定意见、评估意见，相关专家辅助人意见；

（2）能体现与原告商业秘密实质上相同的信息的产品、合同、意向书；

（3）前述证据来自与被告有关的第三方；

（4）可以证明被诉侵权信息与原告商业秘密构成实质上相同的其他证据。

17. 原告主张被告使用商业秘密的，可举证证明存在以下事实：

（1）被告在生产经营活动中直接使用商业秘密；

（2）被告对商业秘密进行修改、改进后使用；

（3）被告根据商业秘密调整、优化、改进有关生产经营活动。

18. 原告提供初步证据合理表明商业秘密被侵犯，且提供以下证据之一的，被告应当证明其不存在侵犯商业秘密的行为：

（1）有证据表明被告有渠道或者机会获取商业秘密，且其使用的被诉侵权信息与该商业秘密实质上相同；

（2）有证据表明商业秘密已经被被告披露、使用或者有被披露、使用的风险；

（3）有其他证据表明商业秘密被被告侵犯。

19. 原告能够举证证明经营者以外的其他自然人、法人和非法人组织侵犯其商业秘密的，可以依据相关规定提起诉讼并主张侵权人承担的民事责任。

五、侵权行为的抗辩事由

20. 被告否认侵犯商业秘密的，可以提供以下证据：

（1）有资质的鉴定机关、评估机构出具的被诉侵权信息与原告商业秘密不同的鉴定意见、评估报告、勘验结论；

（2）被告获取、披露、使用或者允许他人使用的商业秘密经过合法授权的授权书、合同；

（3）被告自行开发研制或者反向工程等的开发文件、研发记录、音视频文件；

（4）客户基于对离职员工个人的信赖而自愿与该个人或者其新单位进行市场交易的说明、证人证言；

（5）其他证据。

21. 被告主张被诉侵权信息系通过反向工程获取的，可以提供以下证据：

（1）通过公开渠道取得产品的购买合同、接受赠予的凭证、票据；

（2）通过拆卸、测绘、分析等相关技术手段从公开渠道取得的产品中获得有关技术信息的工作记录、视频、文档数据；

（3）委托他人通过拆卸、测绘、分析等技术手段从公开渠道取得的产品中获得有关技术信息的合同、往来邮件；

（4）能够证明被诉侵权信息系通过反向工程获取的其他证据。

22. 被告主张被诉侵权信息系基于个人信赖获取的，可以提供以下证据：

（1）所涉行业领域强调个人技能的行业特点说明；

（2）客户明确其系基于对员工个人的信赖自愿选择交易的声明、说明或者聊天记录、往来邮件；

（3）与相关客户的交易未利用原告所提供的物质条件、交易平台的文件、沟通记录；

（4）能够证明被诉侵权信息系基于个人信赖获取的其他证据。

第三部分　关于请求承担民事责任的举证参考

六、停止侵权

23. 对于侵犯商业秘密行为判决停止侵害的民事责任，停止侵害的时间一般持续到该商业秘密已为公众所知悉时为止。原告能够举证证明依照上述规定判决停止侵害的时间明显不合理的，可以请求法院在依法保护原告的商业秘密竞争优势的情况下，判决被告在一定期限或者范围内停止使用该商业秘密。

24. 原告可以请求法院判决被告返还或者销毁商业秘密载体，清除其控制的被诉侵权信息。

七、赔偿损失

25. 原告能够举证证明其因被侵权所受到的实际损失的，可以请求法院按照其实际损失确定赔偿数额；实际损失难以确定的，原告能够举证证明被告因侵权所获得的利益的，可以请求法院按照被告因侵权所获得的利益确定赔偿数额；原告的损失或者被告获得的利益难以确定的，原告可以请求法院参照商业秘密许可使用费的倍数合理确定。对故意侵犯商业秘密，情节严重的，原告可以请求法院在按照上述方法确定数额的一倍以上五倍以下确定赔偿数额。赔偿数额包括原告为制止侵权行为所支付的合理开支。

26. 原告请求参照商业秘密许可使用费确定因被侵权所受到的实际损失的，可以举证证明许可的性质、内容、实际履行情况以及侵权行为的性质、情节、后果等事实。

27. 原告因被侵权所受到的实际损失、被告因侵权所获得的利益、商业秘密许可使用费难以确定的，原告可以请求法院根据侵权行为的情节判决给予五百万元以下的赔偿。

28. 原告请求法院根据侵权行为的情节判决给予五百万元以下的赔偿的，可以举证证明商业秘密的性质、商业价值、研究开发成本、创新程度、能带来的竞争优势以及被告的主观过错、侵权行为的性质、情节、后果等事实。

29. 原告已经提供被告因侵权所获得的利益的初步证据，但与侵犯商业秘密行为相关的账簿、资料由被告掌握的，原告可以请求法院责令被告提供该账簿、资料。被告无正当理由拒不提供或者不如实提供的，原告可以请求法院根据其主张和提供的证据认定被告因侵权所获得的利益。

30. 原告举证证明因侵权行为导致商业秘密为公众所知悉的，可以请求法院在依法确定赔偿数额时，考虑商业秘密的商业价值。

31. 原告主张被告恶意侵犯其商业秘密且情节严重，请求惩罚性赔偿的，应当在起诉时明确赔偿数额、计算方式以及所依据的事实和理由。

32. 原告主张被告具有侵犯商业秘密的恶意，可以围绕以下事实提供证据：

（1）被告经原告或者利害关系人通知、警告后，仍继续实施侵权行为的；

（2）被告或其法定代表人、管理人是原告或者利害关系人的法定代表人、管理人、实际控制人的；

（3）被告与原告或者利害关系人之间存在劳动、劳务、合作、许可、经销、代理、代表等关系，且接触过被侵犯的商业秘密的；

（4）被告与原告或者利害关系人之间有业务往来或者为达成合同等进行过磋商，且接触过被侵犯的商业秘密的；

（5）其他可以认定为故意的情形。

33. 原告主张被告侵犯商业秘密行为情节严重的，可以围绕以下事实提供证据：

（1）因侵犯商业秘密行为被行政处罚或者法院裁判承担责任后，再次实施相同或者类似侵权行为；

（2）以侵犯商业秘密为业；

（3）侵权行为持续时间长；

（4）伪造、毁坏或者隐匿侵权证据；

（5）拒不履行保全裁定；

（6）侵权获利或者原告受损巨大；

（7）侵权行为可能危害国家安全、公共利益或者人身健康；

（8）其他可以认定为情节严重的情形。

34. 原告主张惩罚性赔偿的，以原告因被侵权所受到的实际损失或者按照侵权人因侵权所获得的利益作为计算基数。该基数不包括原告为制止侵权所支付的合理开支。

第四部分 关于程序事项的举证参考

八、保全

35. 在证据可能灭失或者以后难以取得的情况下，申请人可以在诉讼过程中依法向法院申请保全证据。

36. 因情况紧急，在证据可能灭失或者以后难以取得的情况下，申请人可以在提起诉讼前依法向法院申请保全证据。

37. 被申请人试图或者已经以不正当手段获取、披露、使用或者允许他人使用申请人的商业秘密，可能会使判决难以执行或者造成申请人其他损害，或者将会使申请人的合法权益受到难以弥补的损害的，申请人可以在诉讼过程中依法向法院申请行为保全。

38. 因情况紧急，不立即申请保全会使判决难以执行或者造成申请人其他损害，或者将会使申请人的合法权益受到难以弥补的损害的，申请人可以在提起诉讼前依法向法院申请行为保全。

39. 申请人申请行为保全并主张“情况紧急”的，可以围绕以下事实提供证据：

（1）申请人的商业秘密即将被非法披露；

（2）诉争的商业秘密即将被非法处分；

（3）申请人的商业秘密在展销会等时效性较强的场合正在或者即将受到侵害；

（4）其他需要立即采取行为保全措施的情况。

40. 申请人申请行为保全并主张被申请人的行为会给其造成“难以弥补的损害”的，可以围绕以下事实提供证据：

（1）被申请人的行为将会侵害申请人享有的商誉等权利且造成无法挽回的损害；

（2）被申请人的行为将会导致侵权行为难以控制且显著增加申请人损害；

（3）被申请人的侵害行为将会导致申请人的相关市场份额明显减少；

（4）对申请人造成其他难以弥补的损害。

41. 申请人申请行为保全的，应当依法提供担保。申请人提供的担保数额，应当相当于被申请人可能因执行行为保全措施所遭受的损失，包括责令停止侵权行为所涉产品的销售收益、保管费用等合理损失。

42. 行为保全措施一般不因被申请人提供担保而解除，但申请人同意的除外。

43. 为制止侵犯商业秘密行为，申请人能够在提出保全申请后、保全裁定作出前明确商业秘密的具体内容，同时提供载有商业秘密的合同、文档、计算机软件、产品、招投标文件、数据库文件等证据的，可以申请诉前或诉中证据保全或行为保全。

44. 因被申请人的行为或者其他原因，可能使判决难以执行或者造成申请人其他损害的，申请人可以在诉讼过程中依法向法院申请财产保全并提供相应担保。

45. 因情况紧急，不立即申请保全会使申请人的合法权益受到难以弥补的损害的，申请人可以在提起诉讼前依法向法院申请财产保全。申请人应当提供相当于请求保全数额的担保。

46. 被申请人可以提供充分有效担保，请求解除财产保全。

九、调查令

47. 当事人申请调查收集证据，请求法院颁发调查令，由当事人的诉讼代理人代为调查收集证据的，应满足准予调查收集证据申请应具备的条件，且需同时符合以下条件：

（1）申请人的诉讼代理人为执业律师，且持令代为调查收集证据的人仅限于调查令上列明的执业律师；

（2）调查令足以克服当事人及其诉讼代理人不能自行收集证据的客观原因；

（3）被调查收集的证据不涉及国家秘密、商业秘密、个人隐私等且不存在其他不宜由诉讼代理人持调查令收集的情形。

48. 持有调查令的律师于调查令有效期内，按照调查令载明的证据名称或范围向被调查人调查收集证据。持有调查令的律师向被调查人调查收集证据时，同时出示其律师执业证书原件供被调查人核对。

49. 被调查人对调查令和相关律师身份核对无异后，按照调查令载明的名称或范围提供证据。

50. 被调查人提供的证据在持有调查令的律师和被调查人的共同见证下封存，由持有调查令的律师及时、完整的提交法院或由被调查人在合理期间内采用邮寄等方式提交法院。

51. 被调查人因故未能提供证据或者拒不协助调查的，持有调查令的律师于调查令有效期届满后三日内向法院书面说明相关情况。

十、诉讼中的保密措施

52. 涉及商业秘密的案件，双方当事人可以申请不公开审理。当事人可以申请法院在互联网公布裁判文书时删除涉及商业秘密的信息。

53. 双方当事人所提交证据涉及商业秘密或者其他需要保密的商业信息的，当事人可以申请法院在证据保全、证据交换、举证质证、委托鉴定、询问、开庭等诉讼活动中采取必要的保密措施，保密措施包括但不限于以下情形：

（1）针对不同诉讼环节，申请对接触涉密证据的人员范围作出限制；

（2）要求接触涉密证据的当事人签订保密承诺书；

（3）申请对涉密证据不予交换，仅通过当庭出示的方式由对方当事人发表质证意见；

（4）对于证据中需要保密的部分进行不影响案件审理的遮挡；

（5）申请采取其他必要的保密措施。

54. 接触前款涉密证据的当事人，不得出于本案诉讼之外的任何目的披露、使用、允许他人使用在诉讼程序中接触到的秘密信息。

55. 当事人违反前款所称的保密措施的要求，擅自披露商业秘密或者在诉讼活动之外使用或者允许他人使用在诉讼中接触、获取的商业秘密的，应当依法承担民事责任。构成民事诉讼法第一百一十一条规定情形的，依法采取强制措施。构成犯罪的，依法追究刑事责任。

十一、刑民交叉

56. 由公安机关、检察机关或者法院保存的与被诉侵权行为具有关联性的证据，侵犯商业秘密民事案件的当事人因客观原因不能自行收集的，可以向法院申请调查收集上述证据，但可能影响正在进行的刑事诉讼程序的除外。

57. 当事人可以主张依据生效刑事裁判认定的实际损失或者违法所得确定针对同一侵犯商业秘密行为提起的民事诉讼的赔偿数额。

58. 涉及同一侵犯商业秘密行为的刑事案件尚未审结的，当事人可以请求法院中止审理侵犯商业秘密民事案件。是否中止审理，由民事案件的审理法院根据案件具体情况确定。

北京知识产权法院侵犯商业秘密纠纷民事案件典型案例

案例一　涉自动驾驶领域侵犯技术秘密纠纷案

案号：（2017）京73民初2000号

王某曾在A公司担任技术副总裁、自动驾驶事业部总经理等职务。双方签订的劳动合同中约定，未经A公司授权，不得以任何形式、方式，向任何第三人披露王某任职期间接触到的任何商业秘密。合同期满后，王某离职并在B公司担任首席执行官。B公司自成立以来，一直在中国市场进行业务开拓，在自动驾驶领域与A公司具有直接竞争关系。A公司认为王某与B公司侵犯其在自动驾驶领域的技术秘密，故诉至北京知识产权法院。经过多次谈话、开庭、勘验等程序，最终A公司撤回起诉。

案例二　涉高尔夫球场侵犯经营秘密纠纷案

案号：（2018）京73民终686号

原告甲公司系国内高尔夫球服务经营商，为国内金融机构的VIP客户提供高尔夫增值服务，其与高尔夫球场签订的约定有保密条款的协议中的合作信息，其与银行签订的协议中的合作信息，均构成商业秘密。

被告金某等三人系甲公司员工，分别担任公司球场部经理、大客户部经理等职务，于2012年至2013年先后从甲公司辞职后入职乙公司，三人未经许可将甲公司商业秘密披露给乙公司使用。乙公司在2013年之前与银行等金融机构在高尔夫服务方面的合作很少，金某等三人入职公司后不久，乙公司即参与多家银行高尔夫服务项目投标并顺利中标，其高尔夫服务业务收入获得突飞猛进增长，侵权获利数额巨大。

在此过程中，乙公司明知金某等三人非法披露原告甲公司与银行合作形成的商业秘密，仍在经营中积极利用该商业秘密谋取利益。故北京知识产权法院认定乙公司及金某等三人实施的涉案行为侵犯了甲公司与相关银行合作中形成的商业秘密，并判令乙公司及金某等三人停止侵权，并赔偿经济损失和合理开支共计799万元。

案例三　涉石油微生物勘探技术领域证据保全侵犯技术秘密纠纷案

案号：（2017）京73民初1382号

原告A公司系油气勘探开发技术服务商，为石油公司发现油气藏、提高钻井成功率和油气藏开发提供解决方案。其在本案中主张石油微生物勘探技术领域部分信息构成技术秘密。

根据A公司的申请，北京知识产权法院于2017年10月16日前往B公司办公场所进行证据保全，对部分笔记本电脑内数据进行复制，并对纸质文件《地质微生物勘探野外采集技术规程》等进行保全。北京知识产权法院认定包括上述保全的《地质微生物勘探野外采集技术规程》文件在内的多项信息侵犯了A公司的技术秘密，最终判令B公司等停止侵权，并赔偿A公司经济损失和合理开支共计75万元。

湖南省高级人民法院

关于防范虚假民间借贷诉讼的实施细则（试行）

（湖南省高级人民法院2021年9月12日审判委员会会议通过）

虚假民间借贷诉讼，不仅会损害国家利益与社会公共利益，还会破坏营商环境和司法秩序，严重侵害人民群众的合法权益。为防范虚假民间借贷诉讼，营造诚实守信的诉讼环境，维护司法权威和司法公信力，保障人民群众的合法权益，根据《中华人民共和国民法典》《中华人民共和国民事诉讼法》《最高人民法院、最高人民检察院、公安部、司法部关于进一步加强虚假诉讼犯罪惩治工作的意见》等规定，结合审判实践，制定本实施细则。

1. 准确界定虚假民间借贷诉讼

第一条【虚假民间借贷诉讼的概念】 虚假民间借贷诉讼，是指在民事主体之间因资金融通行为引发的纠纷中，当事人或其他诉讼参与人，单独或者与他人恶意串通，采取捏造事实、伪造证据、虚假陈述等方式，虚构法律关系提起诉讼，损害国家、社会公共利益，妨害司法秩序，侵害他人合法权益的行为。人民法院要慎重审查民间借贷案件，提高虚假民间借贷诉讼的辨别意识和防范能力。

第二条【虚假民间借贷诉讼的主要表现形式】 在审查民间借贷案件时，发现存在下列情形之一的，应当严格审查借贷发生的原因、时间、地点、款项来源、交付方式、款项流向以及借贷双方的关系、经济状况等事实，综合判断是否属于虚假民间借贷诉讼：

（一）出借人明显不具备出借能力的；

（二）出借人主张的借贷事实、理由不符合常理；

（三）涉及大额资金借贷，当事人无法提供转账凭证的；

（四）出借人不能提交债权凭证，或者提交的债权凭证存在伪造的可能；

（五）当事人在一定期限内多次提起或参加民间借贷纠纷的公证、仲裁或诉讼；

（六）当事人无正当理由拒不到庭参加诉讼，委托代理人对借贷事实陈述不清或者陈述前后矛盾；

（七）当事人双方对借贷事实的发生没有争议或者诉辩不符合常理；

（八）一方当事人对于另一方当事人提出的对其不利的事实明确表示承认，且不符合常理的；

（九）借款人的配偶或者合伙人、案外人等其他人员对事实依据提出异议；

（十）当事人在其他纠纷中存在低价转让财产的情形；

（十一）认定案件事实的证据不足，但当事人之间主动迅速达成调解协议，请求人民法院制作调解书的；

（十二）当事人不正当放弃权利；

（十三）其他可能存在虚假民间借贷诉讼的情形。

2. 虚假民间借贷诉讼的审查方法

第三条【检索关联案件】 在民间借贷纠纷案件的立案、审理阶段，应当通过数字法院系统或类案检索系统等平台，对案件的关联案件，或者案件当事人在其他案件中的涉诉情况进行检索和比对，以此作为判断是否存在证据冲突、事实矛盾、职业放贷人、虚假诉讼等情形的依据。检索情况应制作工作记录，在审理报告、合议笔录中予以反映。

第四条【传唤当事人本人到庭参加诉讼】 在审理民间借贷纠纷案件时，发现存在本实施细则第二条所列情形之一的，应当传唤当事人本人到庭参加诉讼、接受调查，详细陈述借贷合意的产生、款项往来及资金用途等情况，严格审查当事人之间是否存在实质性的纠纷。

第五条【依法追加案件利害关系人参加诉讼】 在审理民间借贷纠纷案件时，人民法院应当根据《中华人民共和国民事诉讼法》第五十六条的规定，根据当事人的申请或依职权通知担保物权人、保证人、中介人、实际出借人或用款人等与案件处理结果可能存在法律上利害关系的第三人参加诉讼，防范虚假诉讼行为。

第六条【主动依职权调查取证】 在审理民间借贷纠纷案件时，应当主动审查明显不符合常理的疑点，适当加大依职权调查取证力度，对当事人提出的其他线索可能影响案件事实认定的，或者当事人之间有恶意串通损害他人合法权益可能的，要依职权调查取证。

第七条【全面、客观审查证据】 在审理民间借贷纠纷案件时，人民法院要充分运用逻辑推理和日常生活经验，全面、客观地审查证据：

（一）对于当事人提交的借据、收据、欠条等债权凭证，或者金融机构的转账凭证等，应当审查证据的原件；不能提供原件，但人民法院认为该证据对查明案件基本事实有重要作用的，应当通知经办人、证人出庭作证；对于仅有借条、借据，没有转账凭证的，要详细询问付款方式；

（二）严格审查证据的形式、来源是否符合法律规定。对于单位提供的证明材料，应当审核是否加盖了单位公章，以及单位负责人和制作证明材料人员的签名或者盖章，必要时，可以要求制作证明材料的人员出庭作证。在核对证人身份时，应当严格审查证人与当事人有无利害关系。

（三）在审查证据时，应当准确理解和适用举证责任的相关规定，正确处理当事人举证责任的动态转移，防止机械适用“谁主张，谁举证”的证明规则，从证据与案件事实的关联程度、各证据之间的联系等方面依法全面审查。

第八条【注意防范涉及多方主体的虚假民间借贷诉讼】 在审理涉及多方主体的民间借贷纠纷案件时，应当根据下列不同情况，追加借贷关系之外的其他主体参加诉讼，防范虚假诉讼发生：

（一）出借人根据借款人的指示，将款项直接支付给实际收款人的，应追加借款人作为被告参加诉讼。当事人对借款合同的主体无争议，人民法院可以通知实际收款人可以作为证人参加诉讼以查明借款交付事实；借款人否认收到借款的，可以追加实际收款人为第三人参加诉讼；

（二）出借人根据实际出借人指示，将款项直接支付给借款人的，应当追加实际出借人作为原告，但实际出借人明确表示不愿意参加诉讼且放弃实体权利的除外。当事人对借款合同的主体无争议的，实际出借人可作为证人参加诉讼以查明借款交付事实；借款人否认收到借款的，可以追加实际出借人为第三人参加诉讼。

第九条【审慎确认民间借贷纠纷案件中的调解协议效力】 对于民间借贷诉讼当事人申请确认调解协议效力的，应当根据《中华人民共和国民事诉讼法》第一百九十四条、第一百九十五条的规定，不仅应审查调解协议是否损害国家利益、社会公共利益或者案外人的合法权益，还应结合案件基础事实，审查基础法律关系的真实性。

3. 虚假民间借贷诉讼的处理

第十条【涉虚假民间借贷诉讼的处理】 人民法院在审理民间借贷纠纷案件时，应当询问当事人是否为虚假诉讼，并说明实施虚假诉讼行为的法律后果。当事人在人民法院询问后申请撤诉的，人民法院可以准许。

人民法院认为民间借贷案件存在虚假诉讼嫌疑，但尚未查实，当事人申请撤诉的，可以予以准许。经审理后查明确系虚假诉讼，原告申请撤诉的，应当不予准许，同时依据《中华人民共和国民事诉讼法》第一百一十二条的规定，驳回其诉讼请求，并视情节轻重予以罚款、拘留。涉嫌犯罪的，应当移送有管辖权的司法机关追究刑事责任。

诉讼参与人或者其他人恶意制造、参与虚假诉讼，人民法院应当依据《中华人民共和国民事诉讼法》第一百一十一条、第一百一十二条和第一百一十三条之规定，依法予以罚款、拘留；构成犯罪的，应当移送有管辖权的司法机关追究刑事责任。

单位恶意制造、参与虚假诉讼的，人民法院应当对该单位进行罚款，并可以对其主要负责人或者直接责任人员予以罚款、拘留；构成犯罪的，应当移送有管辖权的司法机关追究刑事责任。

第十一条【院、庭长审判监督管理】 院、庭长应充分发挥审判监督管理职责，对发现存在虚假诉讼嫌疑的民间借贷纠纷案件，应当及时提醒审判人员做好应对、查处工作，并采取查阅卷宗、旁听庭审、审核审理报告、要求合议庭在规定期限内报告案件进展和评议结果，以及提交专业法官会议、审判委员会讨论等方式对案件审理过程进行监管。

第十二条【区分虚假民间借贷诉讼与“套路贷”犯罪行为】 “套路贷”是指放贷人虚构法律关系、通过虚增借贷金额、恶意制造违约、肆意认定违约、毁匿还款证据等方式形成虚假债权债务，意图通过诉讼手段实现非法占有他人财产的行为。“套路贷”行为通常假借民间借贷等民事纠纷之名，通过诉讼等方式合法化，具有极强的隐蔽性，但其本质涉嫌违法犯罪，不属于人民法院受理民事案件的范围。

人民法院在审查民间借贷案件时，经审查当事人确为实施“套路贷”行为的，应当依照《最高人民法院关于在审理经济纠纷案件中涉及经济犯罪嫌疑若干问题的规定》《最高人民法院关于审理民间借贷案件适用法律若干问题的规定》，裁定驳回起诉，并将涉嫌犯罪的线索、材料移送公安机关；对于已按民间借贷纠纷审结的“套路贷”行为，应依法启动审判监督程序，撤销原审生效判决、裁定驳回起诉，及时将涉嫌犯罪的线索、材料移送公安机关。

4. 其他

第十三条【层报】 各级人民法院在审理涉虚假民间借贷诉讼案件中发现新情况、新问题，请及时层报湖南省高级人民法院。

第十四条【解释】 本实施细则由湖南省高级人民法院审判委员会负责解释。

第十五条【施行】 本实施细则自下发之日试行。

新类型疑难案例选评

原告黄某、第三人裴某涛诉被告王某、北京市维航律师事务所诉讼代理合同案

王　璐*

【基本案情】

原告（上诉人）：黄某。

被告（被上诉人）：王某。

被告（被上诉人）：北京市维航律师事务所。

第三人：裴某涛。

2011年5月3日，黄某与北京市维航律师事务所（以下简称维航律所）签订《专项法律顾问合同》，约定：黄某为裴某涛聘请维航律所的律师王某作为专项法律顾问，就裴某涛涉嫌侵占一案进行协调并最终达到使裴某涛被释放的目的；若未达到上述目的，维航律所应在裴某涛被起诉十日内全额退还黄某支付的先期费用50万元。同日，维航律所向黄某出具收据，确认收到黄某支付的50万元。2012年11月8日，北京市第二中级人民法院作出判决，认定裴某涛犯职务侵占罪，判处有期

* 作者单位：北京市朝阳区人民法院。

徒刑十年，并处没收个人财产 20 万元。2013 年 7 月 3 日，北京市高级人民法院裁定驳回上诉，维持原判。判决生效后交付执行。2018 年 5 月 30 日，北京市第一中级人民法院裁定对裴某涛予以假释。黄某要求解除其与维航律所签订的《专项法律顾问合同》，维航律所和王某共同返还黄某律师费 50 万元、共同赔偿黄某利息损失 15 万元。

【审判】

北京市朝阳区人民法院经审理认为，黄某与维航律所签订的《专项法律顾问合同》系双方真实意思表示，内容不违反法律、行政法规的强制性规定，应属合法有效。因维航律所并未完成其委托事务，其行为已经构成根本违约，黄某有权依据合同法第九十四条第四项的规定行使解除权，但该合同解除权应当受除斥期间的限制。本案情形属于法律没有规定且当事人没有约定，对方当事人亦未进行催告，合同解除权行使期限应如何认定？对此，首先需要解决的分歧是催告的法律效力问题。法律规定非解除权人享有催告权的主要目的是赋予其确定对方是否解除合同的权利，故催告并不具有影响解除权因逾期行使而丧失的效力。《最高人民法院关于审理商品房买卖合同纠纷案件适用法律若干问题的解释》（以下简称《商品房买卖合同解释》）第十五条第二款的规定，也确认了催告具备前述法律属性。在对方没有催告且法律没有规定的情形下，解除权行使的合理期限应当以类推适用的方式予以补充。基于合同解除权和撤销权在性质和规范意旨上的相似性，可依据民法总则第一百五十二条得出类推适用的结论，即合同解除权的行使期限不应超过一年。故黄某的合同解除权已经消灭，其以合同解除后返还财产为由，要求维航律所和王某退还律师费的诉讼请求亦不能成立，应予以驳回。

北京市朝阳区人民法院依照民法总则第一百五十二条、第一百九十九条，合同法第九十四条第四项、第九十五条之规定，作出如下判决：

驳回原告黄某的全部诉讼请求。

黄某不服一审判决，提出上诉，认为其法律知识及维权能力有限，并非怠于行使合同解除权，且合同解除权的行使期限不应进行类推适用，法院的判决未保护守约方利益，助长了王某及维航律所的不诚信行为。

北京市第三中级人民法院经审理认为，案涉合同实际履行过程中，维航律所未完成黄某委托事务，其行为构成根本违约，故黄某有权依据合同法第九十四条第四项之规定行使解除权。自裴某涛被交付执行之日起，黄某应知晓其有权向维航律所主张解除合同，并主张退还已支付律师费用。黄某提出的其不具备法学教育背景、相关法律知识及维权能力有限的上诉理由不构成其怠于行使解除权的合理理由。故综合本案事实及相关法律规定，一审法院认定黄某的合同解除权已经消灭，并无不当，该院对此予以维持。

北京市第三中级人民法院依照民事诉讼法第一百七十条第一款第一项之规定，作出如下判决：驳回上诉，维持原判。

［评析］

合同解除权行使期限的确定

本案涉及的是对于法律没有规定、当事人没有约定且对方当事人未进行催告的合同解除权的行使是否应受行使期限限制以及行使期限应如何确定的问题。

合同法第九十五条规定："法律规定或者当事人约定解除权行使期限，期限届满当事人不行使的，该权利消灭。法律没有规定或者当事人没有约定解除权行使期限，经对方催告后在合理期限内不行使的，该权利消灭。"该条规定仅涉及合同解除权行使期限确定的三种情形：其一为法律规定的行使期限；其二为当事人约定的行使期限；其三为法律没有规定且当事人没有约定，但经过对方催告后的合理期限。本案涉及的情形是未经催告的合同解除权行使期限如何确定，当时的法律对此并没有明确规定，但是在司法实践中此情形大量存在。

一、未经催告的合同解除权应受行使期限限制

首先，从权利的性质来看，合同解除权属于形成权。在行使合同解除权时，不需经相对人同意，仅凭权利人一方作出解除合同的意思表示，即可产生合同解除的法律效果。

其次，从权利存续期间来看，合同解除权行使期间在性质上属于除斥期间，即权利人超过一定期限怠于行使权利的，则该权利消灭。其法律意义在于督促权利人尽快行使权利，防止合同双方的法律关系因一直处于不稳定状态而造成不必要的损失。若合同解除权可永久存续，则必然会对合同关系的稳定性产生不利影响。合同法第九十五条的立法精神亦在于督促权利人积极行使权利，侧面否定了解除权的永久存续。

再次，从权利保障救济来看，实务中绝大多数情况下，权利人享有解除权是基于合同相对人存在违约行为，即便权利人的解除权因超过除斥期间而消灭，权利人仍可通过追究相对人的违约责任获得权利救济。因此，即使对合同解除权予以适当限制，对权利人而言仍有权利救济途径。

最后，从催告的性质和作用来看，催告是法律为平衡交易双方的权利义务，在赋予权利人合同解除权的同时，为防止其怠于行使权利而赋予相对人的抗衡性权利，属于相对人的权利而非义务。合同法第九十五条规定的初衷并不是要将催告作为解除权消灭的必备条件之一。《商品房买卖合同解释》第十五条第二款规定："……对方当事人没有催告的，解除权应当在解除权发生之日起一年内行使；逾期不行使的，解除权消灭。"从中可以看出，催告并不具有影响解除权因逾期行使而丧失

的效力。因此，催告不是解除权行使的必需条件。

综上，合同解除权的行使无论是否有法律规定或者当事人约定，无论当事人是否进行催告，均应受到合理期限的限制。

二、根据类推适用原理确定合同解除权的行使期限

类推适用的原因在于法律的漏洞和不完善。对于本案涉及的未经催告的合同解除权行使期限的认定问题，在当时的法律规定中存在空白，应以类推适用的方式予以填补。类推适用的法律理念在于同类事物应作相同处理。因此，类推适用思维过程中最重要的是确定法律有规定的案件事实与拟类推适用规范下的案件事实之间存在本质上的相似性，该相似性的判断标准在于法律本身的规范意旨，即二者的规范目的具有一致性。

《商品房买卖合同解释》第十五条第三款规定了未经催告的商品房买卖合同的解除权应当在解除权发生之日起一年内行使，怠于行使的，解除权消灭。民法总则第一百五十二条规定了撤销权消灭的一年一般除斥期间和五年最长除斥期间。上述法律规定的规范目的均在于给权利人设置时间限制，尽快确定双方法律关系，以促使法律关系的稳定。本案的诉讼代理合同与商品房买卖合同在性质上均属于转移价值较大财产的合同。本案的合同解除权与撤销权均为形成权。本案的合同解除权虽未经催告，但为促使解除权人及时行使权利，使合同关系尽快确定和交易稳定，应受到合理期限的限制。故本案涉及的情形与上述两条法律规定在性质和规范意旨上具有相似性，可以进行类推适用，即合同解除权的行使期限不应当超过一年。

需要特别说明的是，2021 年 1 月 1 日起民法典正式施行，其中第五百六十四条第二款规定："法律没有规定或者当事人没有约定解除权行使期限，自解除权人知道或者应当知道解除事由之日起一年内不行使，或者经对方催告后在合理期限内不行使的，该权利消灭。"本案一审法

院在当时法律规定空白的情况下的审理思路，被民法典印证，体现了一审法院对于立法精神和司法规律的准确把握，是对中国特色社会主义司法制度的有益完善。

《最新法律文件解读》丛书
稿　　约

《最新法律文件解读》是一套以为最新法律规范提供同步"解读"为主的系列丛书，分为刑事、民事、商事、行政与执行4个分册，按月出版。

本丛书以"解读"为重点，突出全、专、新、快、准等特点，通过对最新出台的法律、法规、司法解释、部门规章以及重要地方性法规进行同步动态解读，弥补了法律、法规、司法解释汇编类出版物没有同步阐释、解读内容的不足，为广大读者学习理解最新法律规范，正确贯彻执行法律文件，及时解决实践中的新情况、新问题，提供一个全方位、多层面的法律信息平台。

欢迎您向以下栏目赐稿：

【最新法律文件解读】主要是对最新颁行的法律文件进行解读，帮助司法和执法人员正确理解法律文件的立法背景、意义、重点内容、在适用中应注意的问题、与相关法律文件的衔接与互动关系等。

【司法实务问题研究】主要刊登对司法理论、实务及司法管理工作中的热点、疑难问题进行研究及评论的文章。

【新类型疑难案例选评】主要是对司法和行政执法实践中具有典型性和代表性的疑难案例，结合具体案情以及审理或处理结果进行简练精辟的点评，解析认识问题的方法、处理问题的法律依据和在个案中的具体适用。

【法学前沿与新视点】以摘要的形式刊登相关法学理论研究的最新动态及具有代表性和典型性的前沿问题，扩展法学研究的深度和广度。

【法律适用问题解答】主要针对司法和行政执法实践中面临的新问题、热点问题、疑难问题进行简要的解答，指出涉及的法律关系，明确法律适用依据。

稿件一经刊用即付稿酬，稿酬从优。

《刑事法律文件解读》　杨晓燕　邮箱：5184621@qq.com

《民事法律文件解读》　丁丽娜　邮箱：dlnlaw@163.com

《商事法律文件解读》　路建华　邮箱：shangshijiedu@126.com

《行政与执行法律文件解读》　张　奎　邮箱：271717306@qq.com

人民法院出版社

《最新法律文件解读》丛书编辑部

人民法院出版社2021年连续出版物

《中国审判指导丛书》

1.《刑事审判参考》

最高人民法院刑事审判第一庭、第二庭、第三庭、第四庭、第五庭共同主办。全年6辑,每辑68.00元,共408.00元。

2.《民事审判指导与参考》

最高人民法院民事审判第一庭编。全年4辑,每辑68.00元,共272.00元。

3.《商事审判指导》

最高人民法院民事审判第二庭编。全年2辑,每辑68.00元,共136.00元。

4.《立案工作指导》

最高人民法院立案庭编。全年2辑,每辑68.00元,共136.00元。

5.《审判监督指导》

最高人民法院审判监督庭编。全年4辑,每辑68.00元,共272.00元。

6.《知识产权审判指导》

最高人民法院民事审判第三庭编。全年2辑,每辑68.00元,共136.00元。

7.《涉外商事海事审判指导》

最高人民法院民事审判第四庭编。全年2辑,每辑68.00元,共136.00元。

8.《环境资源审判指导》

最高人民法院环境资源审判庭编。全年2辑,每辑定价68.00元,共136.00元。

9.《中国少年司法》

最高人民法院少年法庭指导小组编。全年4辑,每辑68.00元,共272.00元。

10.《执行工作指导》

最高人民法院执行局编,自2019年起由人民法院出版社出版发行。全年4辑,每辑68.00元,共272.00元。

11.《国家赔偿与司法救助办案指导》

最高人民法院赔偿委员会办公室编。全年2辑,每辑68.00元,共136.00元。

《最新法律文件解读丛书》

《刑事法律文件解读》《民事法律文件解读》《商事法律文件解读》《行政与执行法律文件解读》

人民法院出版社编。全年12辑,每辑28.00元,共336.00元。

判解研究系列

1.《判解研究》

中国人民大学民商事法律科学研究中心主办,著名民法学家王利明教授主编,CSSCI来源集刊。全年4辑,每辑68.00元,共272.00元。

2.《刑事法判解》

北京大学法治与发展研究院刑事法治研究中心主办,著名刑法学家陈兴良教授主编,车浩教授任执行主编。全年2辑,每辑68.00元,共136.00元。

3.《刑事法判解研究》

北京师范大学刑事法律科学研究院编。全年2辑,每辑68.00元,共136.00元。

司法从业人员案头必备权威工具书

1.《司法文件选》

最高人民法院研究室编。全年12辑,每辑定价8.00元,共96.00元。

2.《司法文件选解读》

最高人民法院研究室编。全年12辑,每辑定价10.00元,共120.00元。

3.《司法文件选(2020年合订本)》

最高人民法院研究室编。本书定价82.00元。

4.《司法文件选解读(2020年精选集)》

最高人民法院研究室编。本书定价86.00元。

银行汇款方式:
开户银行:工行王府井金街支行
账号:0200000709004606170
开户名称:人民法院出版社有限公司
传真:010-67550541
上述图书,邮购请加15%邮费。

邮局汇款方式:
邮编:100745
地址:北京市东城区东交民巷27号
联系人:人民法院出版社有限公司
咨询电话:010-67550595　67550536